AP

Advanced Placement

Spanish

Celina Martinez, MS
Andres Felipe Hensley, MS

XAMonline, Inc.

To obtain permission(s) to use the material from this work for any purpose including workshops or seminars, please submit a written request to:

XAMonline, Inc.
21 Orient Avenue
Melrose, MA 02176
Toll Free: 1-800-509-4128
Email: info@xamonline.com
Web: www.xamonline.com
Fax: 1-617-583-5552

Library of Congress Cataloging-in-Publication Data

Wynne, Sharon

AP Spanish/Sharon Wynne
  ISBN: 978-1-60787-640-3

1. AP   2. Study Guides   3. Language

Disclaimer:

The opinions expressed in this publication are the sole works of XAMonline and were created independently from the College Board, or other testing affiliates. Between the time of publication and printing, specific test standards as well as testing formats and website information may change that are not included in part or in whole within this product. XAMonline develops sample test questions, and they reflect similar content as on real tests; however, they are not former tests. XAMonline assembles content that aligns with test standards but makes no claims nor guarantees candidates a passing score.

Cover photos provided by © CanStockPhoto/lucidwaters/9437211, CanStockPhoto/scanrail/3495380, CanStockPhoto/kentoh/6613671, CanStockPhoto/GeorgiosArt/10056954, CanStockPhoto/ingridat/24290240

Printed in the United States of America
AP SPANISH
ISBN: 978-1-60787-640-3

Table of Contents

Section I: Introduction

Section II: Review

Section III: Sample Tests

Meet the Authors

Celina Martinez is a freelance Interpreter, assisting people worldwide. Collaborating with different Companies and Universities since 2010. Celina also owns a Bachelor's Degree in Architecture by Instituto Tecnologico y de Estudios Superiores de Monterrey.

She's currently living in Lake Buena Vista, Florida.

Andrés Felipe Hensley is from Colombia (South America), but he lived for many years in England because his father is English and his mother is Colombian. He is a professional of a B.A in modern languages and a specialist in Virtual Teacher program. He works as a language teacher and translator of Spanish and English and musician; he plays guitar and sings in the languages he teaches; he has written various stories and lyrics related to nature and love.

About XAMonline

XAMonline—A specialty CLEP publisher

In 2016 XAMonline specialized in CLEP products. We created both a full Spanish study guide and 5 individual sample tests, two of which we include with this study guide and all have the explanations to the answers. XAMonline has been in publishing for 20 years where our product line has been for teacher certification. If you can train the teachers it is a good sign we can help you too. To specialize in CLEP means you have access to the knowledge and frameworks and can write authoritatively to those standards and produce material that is not only helpful but useful.

SECTION I:
Introduction

AP Spanish

Chapter 1: Overview of the Test

About the Advanced Placement Spanish Program

The Advanced Placement® program is designed to offer students college credit while they are still enrolled in high school. There are more than 30 AP courses culminate in an intensive final exam offered annually in May.

The Advance Placement Spanish Program is one that student of the Spanish language will welcome largely because it will allow them to refresh and further cement their knowledge of the Spanish language basics, such as adherence to the Spanish alphabet and verb conjugation rules.

AP credit is almost universally accepted by post-secondary schools, however each school has different guidelines as to what scores they will accept. (For a list of those schools that do not accept AP credit, please contact your school counselor).

About the Exam

It is streamlined. It teaches more with less content to digest. Mostly rule sets to follow—such as verbs ending in -ar, -er., and -ir. What could be simpler? If they learn the rules and apply and adhere to the rules, it will make their college experience in Spanish much simpler, more successful, and of course, enjoyable.

The New Curriculum

The major revision that took place in the AP Spanish curriculum was the addition of more complete conjugation exercises; because if students are able to master them all twelve, remembering the basic six will be quite simple.

Another revision to the AP Spanish exam is the addition of a 10-minute preparation period. It is during this time that you can read the exam questions and start to put your thoughts in order.

Tuition at the average private college today is over $30,000 per year. Every course credit you earn will save at least $3000 plus living expenses. Your parents will love you for it.

The Make Up of the Exam_____

The AP Spanish Language and Culture Exam is 180 minutes (3 hours) long and includes two sections that test the student's reading, listening, and writing abilities. The exam contains both multiple-choice questions and free response questions.

Section	Question Type	Description	Number of Questions	Available Time	Percentage of Total Exam Score
		Section I – Multiple-choice Questions (95 minutes total)			
I	Part A: Multiple-choice	Interpretive Communication: Print Texts	30	40 minutes	50%
	Part B: Multiple-choice	Interpretive Communication: Print and Audio Texts (combined) and Auto Texts	35	55 minutes	
		Section II – Free Response Questions (85 minutes total)			
II	Interpersonal Writing	Email Reply	1	15 ninutes	50%
	Presentational Writing	Persuasive Essay	1	55 minutes*	
	Interpersonal Speaking	Interpersonal Speaking (Conversation)	5	20 seconds for **each** response	
	Presentational Speaking	Presentational Speaking (Cultural Comparison)	1	6 minutes	

*15 minutes to review materials, plus 40 minutes to write.

How the Exam is Scored

The multiple choice part of the test is scored by machine and the free response portion is scored by hand (every summer hundreds of professors, content specialists, and AP Biology teachers meet to grade the 300,000+ exams that are taken). Once both scores have been tallied, they are combined and then scaled. This raw score is then changed into a composite score ranging from 1–5.

The College Board proposes the following qualifications for each of the potential score:

Exam Grade	Recommendation
5	Extremely Well Qualified
4	Well Qualified
3	Qualified
2	Possibly Qualified
1	No recommendation

The minimum score required for college credit to be granted is a 3. As mentioned above, many schools require scores of 4 or 5 in order to grant credit.

For comparison, the College Board makes the equivalents of the AP Exam scores as follows:

AP Exam Grade	Letter Grade Equivalant
5	A
4	A–, B+, B
3	B–, C+, C
2	None
1	None

"The man who doesn't read good books has no advantage over the man who can't read them."
—Mark Twain

For reference, the 2015 administration of the AP Biology Exam had this distribution:

Exam Score	Percentage of Students
5	6.2
4	22
3	35.9
2	27.6
1	8.3

Based upon these scores, the distribution of students' grades would form a typical bell curve.

Hints for Taking the Exam

The test is 3 hours long, so, keep in mind that you will have to navigate the various parts of the test.

Section I - Multiple choice questions on written and audio material.

Multiple-choice questions can be tricky. A lot of times it is possible to eliminate one or two of the answers right away, but then get stuck with the others. On the AP Spanish and Language Culture exam, there is no penalty for incorrect answers, so be sure to record an answer for every question, even if it is a guess.

It is also very important to know what the question is asking of you. The College Board is notorious for saying things like, "All of the following are examples, EXCEPT…" or, "Which of these is NOT…" These words can change the entire meaning of the sentence. Be on alert for qualifiers like this.

You will be using a number 2 pencil to bubble in your answers on an answer sheet. At this stage your academic career you have taken enough tests of this type that you should know how to properly fill in the circles. If you need to erase an answer, be sure to do it completely.

Remember the available time for each section and subpart of the test.

Free Response (Part II — 80 minutes + 10 minute preparation) _____

The free response questions are usually the items that give students the most difficulty. This is not because they do not know the answers. The problem usually results from not organizing one's thoughts sufficiently and then getting them down on paper fast enough. The free response questions are graded on a point scale, with different parts of the question being worth different amounts. In order to get full credit for each question, you must answer in sufficient enough detail that the reader believes you have a complete understanding of the question.

The free response questions are graded on a point scale, with different key topics being worth different amounts. The maximum a question can be worth is 10 points (for example, of the question has two parts, each part is worth five. If the question has three parts, then each part would be worth three and the extra point would be given if all three parts are answered completely). In order to get full credit for each question, you must answer in sufficient enough detail that the reader believes you have a complete understanding of the topic.

Like the multiple choice, you do not lose credit for presenting incorrect information. However, you do lose time. Other things the readers do not care about include: spelling, grammar, and penmanship. Obviously, if a reader in unable to determine what is was you wrote, they cannot grade it, but they do their best to interpret a student's "chicken scratch."

Be certain your writing is in essay form (tell a story). Do NOT just list important concepts in an outline.

Also like the multiple choice questions, the free response questions have key terms about which you should pay particular attention. These terms include, "Compare,' "Contrast," Describe,' and their favorite, "Explain." Pay particular attention to these terms and be sure to do what they ask.

Be aware of what you are writing. You do not want to say one thing in the first paragraph and then say the complete opposite in the second paragraph. If you do this, you will not get any credit, even if one of them is correct. This is because the reader does not know if you knew which was correct or just took a guess and got lucky.

It is acceptable to include diagrams or graphs in your answers. If you do, be sure to properly number the visual so the reader knows to which question and part of the question it belongs. Additionally, make certain to label everything!! The last thing you want is not receive points because your beautifully constructed graph or data table was missing a title.

Finally, the biggest piece of advice for answering the free response questions is to answer the question and then move on. Do not spend time going back over it (certainly reread it to make sure it makes sense) to edit it and turn it into a major piece of literature. You do not have time for this. Write what the question asks you to write and then move on.

"Say all you have to say in the fewest possible words, or your reader will be sure to skip them; and in the plainest possible words or he will certainly misunderstand them."
—John Ruskin

What to Expect in this Book

You will find two sample tests at the end of this guide. These are designed to give you hands-on expirence that simulates the actual exam you will be taking. These tests are complete with an answer key that follows and an explanation of the answers. This information will help you to see your weaknesses and strengths so that you can better prepare for your actual exam.

SECTION II:
Review

Chapter 2: The Very Basics of Spanish

Grammar

Grammar is the Art of speaking and writing correctly in any language.

In Spanish, grammar is divided in: **Morphology, Syntax, Prosody** and **Orthography**.

- **Morphology:** Refers to the grammatical classification of words.
- **Syntax:** Links the words coherently within an idea.
- **Prosody:** Refers to the correct pronunciation of words.
- **Orthography:** Refers to the correct way for writing.

The Alphabet

Spanish: **Alfabeto/Abecedario**

The alphabet.—Designates a series of letters which represent sounds of a tongue. Spanish alphabet is formed by 29 letters: *a, b, c, ch, d, e, f, g, h, i, j, k, l, ll, m, n, ñ, o, p, q, r, s, t, u, v, w, x, y, z.*

Ch and *ll* are digraphs representing each a different sound. These are considered part of the alphabet.

rr, is not considered a letter since its sound is pretty much the same as the one represented by *r* (It does not represent a different sound as *ch* and *ll*).

LETTER	NAME	SOUND	SPANISH	ENGLISH
a	A	[a]	árbol	apple
b	Be	[b]	beso	boat
c	Ce	[k], [s]	Crecer, cielo	Coat, census
ch	Che	[tʃ]	chimenea	Chimney
d	De	[d]	dedo	Daniel
e	E	[e]	elefante	Elefant
f	Efe	[f]	feo	Finger
g	Ge	[g]	gato	Goat
h	Hache	[not pronounced]	hola	-
i	i	[i]	Inés	Illusion
j	Jota	[x]	jefe	Hello
k	Ka	[k]	kilo	Kenia
l	Ele	[l]	leon	Lion
ll	Doble ele	[ʎ]	llave	Joy
m	Eme	[m]	mamá	Mom
n	Ene	[n]	nuevo	Neon
ñ	Eñe	[ɲ]	Niña	canyon
o	O	[o]	oso	Oregon
p	Pe	[p]	pelota	Pineapple
q	ku	[q]	queso	Question
r	Erre	[ɾ]	radio	Radio
rr	Doble erre	[r]	tierra	Terrain
s	Ese	[s]	sol	Sun
t	Te	[t]	tortuga	Turtle
u	U	[u]	uva	Loose
v	Ve	[v]	vestido	Vanity
w	Doble u	[w]	whisky	Way
x	Equis	[ks]	examen	Taxi
y	y griega	[dʒ]	yo	Yoyo
z	zeta	[θ]	zoológico	cellophane

Syllabic Division

- **Sounds**, which support spoken language, are represented in written Spanish by **letters**.
- **Letters** arc graphic representation of **sounds**.
- A **syllable** is the sound or sounds pronounced in each voice emission. Those sounds are not independent from one another but a complement between themselves.
- Sounds/Syllables in Spanish can involve a **vowel** or a **consonant**.
- Syllables can be just one vowel but not just one consonant: a-mor.
- Consonants must be accompanied by 1, 2 or 3 vowels.
- Two vowels can be found in one syllable, this is called a **diphthong**: U-ru-guay
- Three vowels can be found in one syllable, this is called a **triphthong**: Cuauh-té-moc . . .
- Two vowels are written together but in different syllable, this is called a **hiatus**: ca-er.
- A consonant between two vowels goes with the 2nd syllable: lá-piz . . .
- Two consonants between vowels; one goes with the previous syllable, the other one with the syllable next to it: gi**m-n**a-sia. Except for these groups that go together: pr, pl, br, bl, fr, fl, tr, dr, cr, cl, gr, gl: a-**gr**a-de-cer, **fl**o-tar, tem-**bl**ar . . .
- If the second consonant is l or r and is part of one of the groups that go together (pr, pl, br, bl, fr, fl, tr, dr, cr, cl, gr, gl), both go with the vowel that's next to them: ha-**bl**ar.
- If we find three consonants in a syllable, the two first go with the previous vowel and the third go with next one: i**ns**-ti-tu-to . . .
- If there are 4 consonants together, they're split; 2 go with the previous syllable and the other 2 with the next one: i**ns**-**tr**uir . . .
- This words are considered one word: ch, ll, rr. They don't split: fe-**rr**o-ca-**rr**il; **ch**a-**rr**o.

Rules for Stress in Spanish

Stressed Syllables

Spanish: **Sílaba Tónica**

- Not all the syllables are pronounced with the same voice intensity.
- The higher intensity in one of the syllables is called: **accent**.
- Sometimes the accent is graphically represented when we write a certain word, some others, the accent is not represented and just pronounced, this is called: **phonetic accent**.
- The syllable with the phonetic accent or the orthographic accent is called: **stressed syllable**: ca-**mi**-sa.
- The syllables with no phonetic accent on it are called: **unstressed syllables**: **ca**-mi-**sa.**
- In Spanish, all the words just have **one stressed syllable**, which is the one pronounced with higher intensity.
- In other languages, like French, they can have 2 stressed syllables.
- Depending on the place where the stressed syllable is, words are classified in 4 categories: **Agudas**, **Graves**, **Esdrújulas** and **Sobreesdrújulas**.
- Whenever the stressed syllable must go with a graphic accent written on it, There are certain rules to follow, depending on the category of the word, which is explained in the following chart:

CATEGORY	STRESSED SYLLABLE	EXAMPLES	GRAPHIC ACCENT	EXAMPLES
Agudas	The last one.	Co-mer Ca-fé	When they end with **n, s** or a **vowel**.	Can-**ción** Mos-**cú**
Graves	One before the last one.	Me-sa Dé-bil	When they end with any **consonant** except for **n** or **s** or any **vowel**.	**Ál**-bum **Ár**-bol
Esdrújulas	Two before the last one.	Te-lé-fo-no Mé-di-co	Always.	**Pá**-ja-ro
Sobreesdrújulas	Three or more before the last one.	Llé-va-te-lo Fá-cil-men-te	Always.	**Á**-gil-men-te

- When the stressed syllable is the last one, the word is called 'aguda'. It will be written with a graphic accent any time it ends with the letters **n, s** or any **vowel**.
- When the stressed syllable is one before the last one, the word is called 'grave'. It will be written with a graphic accent any time it ends with any **consonant**, except *n* or *s*.
- When the stressed syllable is two before the last one, the word is called 'esdrújula'. Those are always written with an accent.
- When the stressed syllable is three or more before the last one, the word is called 'sobreesdrújula'. Those are always written with an accent as well.

Capital Letters

Spanish: **Mayúsculas**

During your evaluation, you may find almost identical answers, the only difference being the right usage of Capital Letters. The following are the main rules:

- The first letter in any text
- The first letter in any paragraph
- After a period: *Mañana hará frío. No tengo abrigos.*
- After exclamation and question marks: *¡Viva México!*
- Names and Surnames: *John Smith, María Martínez*
- Roman Numerals: *El Papa Juan Pablo II, Siglo XXI*
- Titles or Divine Attributes: *Los Reyes de España, El Mesías, Director, Ministro*
- Historic times: *La Revolución Francesa*
- Toponymy: *El Amazonas, La Cordillera Central*
- Article as part of the name: *Viña del Mar*
- Abbreviations: *Sr. Juan, S.A. (Sociedad Anónima)*
- Organizations, Institutions: *Gobierno Nacional, Universidad Nacional Autónoma de México*
- Titles of books, movies, masterpieces, art: *La Mona Lisa, Shrek, Harry Potter*
- Acronyms: *ONU, UNESCO, URSS, UAE, BMW*
- **NO CAPITAL LETTERS ON:** days of the week, months and seasons: *lunes, verano, agosto.*

Therefore, if you find the following options, which one do you think is the best answer?

(A) El Sr. Ramón compró un auto BMW en agosto.
(B) el sr. ramón compró un auto bmw en agosto.
(C) El Sr. Ramón compró un auto BMW en Agosto.
(D) El sr. Ramón compró un auto Bmw en Agosto.

**The correct answer will be A. Since we know abbreviations, names and acronyms are written in Capital Letters but months.

Grammatical Gender

Nouns, articles, adjectives, participles and pronouns in Spanish can be masculine or feminine. This characteristic is called: *Grammatical Gender*.

**Rule of thumb: *words ending in—a are feminine, words ending in—o are masculine, usually; not always.*

Spanish: **Género: Femenino, Masculino.**

Verbs and adverbs are lack of gender, except for the participle forms and some other elements that are neutral.

We can find:
- Common nouns with the same form for both genders, "generic": *el/la psiquiatra, el/la pianista, el/la, concertista, un/una professional . . .*
  Ramona es una pianista excepcional, Lauro es un pianista excepcional, Tengo cita con la psiquiatra, Tengo cita con el psiquiatra . . .
- Epicene Nouns or **Sustantivos Epicenos** (Spanish). They just have only one form.
- There are masculine epicene nouns: *el/un personaje, el/un tiburón, el/un lince . . .* There is no feminine for these nouns, though.
- There are feminine epicene nouns: *la/una persona, la/una hormiga, la/una víctima, la gente, la razón, la leche, la pirámide . . .* There is no masculine for these nouns.

Examples:
"Se encontraron un tiburón cerca de la playa"
"Había muchas hormigas en el jardín"

- There are masculine forms that indicate a collective where both, masculine and feminine, are represented.

"El hombre Neanderthal vivía en cavernas".
Making reference to both genders where the Neanderthal women is included.

"Los alumnos de Secundaria han cambiado sus hábitos"
The last sentence is talking about students, both women and men.

However, for political purposes, is becoming more common to indicate both genders, which is grammatically acceptable as well.

In past years, it was common to hear Presidents say during their speeches: *"Queridos mexicanos y niños . . ."*
Now they refer to population as: *"Queridos mexicanos y mexicanas, niños y niñas . . ."*

Both forms are very acceptable. The first one indicates both genders, even though is in masculine form, while the second one actually indicates both genders, literally.

Words working indistinctively for both genders:
- Words ending in -e, -i or -u; *el/la gurú, el/la saltimbanqui, el/la comerciante, el/la dibujante, Yo soy Yaqui nativo(a)* . . .
- Words ending in -ar or -er; *el/la auxiliar, el/la militar, el/la chofer, el/la bachiller* . . .
- Words ending in -l or -z; *el/la cónsul, el/la portavoz, el/la juez, el/la capataz, el/la corresponsal* . . .
- Al military and naval ranges: *el/la cabo, el/la capitán, el/la sobrecargo, el/la coronel* . . .

Masculine Words:
- Most of the words ending in -o, -or. Also, some other words ending in -a or -e; *el tabaco, el cuaderno, el estudio, un año, un tenedor, unos muchachos* . . .
- Words ending in -aje or -an: *el coraje, el espionaje, el capitán* . . .
- Rivers, mountains, isthmus and canals: *el Amazonas, el Nilo, el Tigris, el Everest* . . .
- Months and days of the week: *fue un agosto caluroso, yo nací en un diciembre frío.*
- Musical notes: *el fa bemol, el sol va más agudo, necesitas afinar el la.*
- Aumentatives ending in -on, even if they come from a feminine word: *no sabes el notición que te voy a dar.*
- Cardinal points: *el norte, el este, el oeste, el sur, el norponiente, el noroeste, el ocaso, el oriente* . . .
- Numbers: *el seis, el siete, el 48, el 54* . . .
- Colors: *el azul, el amarillo, el rosa* . . .

Feminine Words:
- Most of the words ending in -a. Also, some other words ending in -o or -e; la boda, la barriga, la taza, la sastre . . .
- Words ending in -dad, -tad and -ed: *la libertad, la mitad, la pared, la lealtad* . . .
- Nouns ending in -ción, -sión, -zón, -dez and -iz: *la decisión, la razón, la incisión, la honradez* . . . (with some exceptions as *el corazón*) . . .
- Name of diseases ending in -tis: *la colitis, la gastritis, la artritis* . . .
- Letters: *la o, la hace, la y griega*
- Most nouns have their form in feminine, as for professions: *el arquitecto—la arquitecta, el licenciado—la licenciada.* These wasn't acceptable some years ago, as it became more common for women to develop a profession, these are now the correct terms, now culturally and politically correct and accepted.

Some words have a different meaning or refer to different objects, situations or subjects depending on their gender, most common ambiguous words on examinations are:

el radio: refers to the device.
la radio: refers to a broadcaster company.

el policía: refers to the police officer.
la policía: refers to the police system.

**If you want to refer to a women that is a police officer, you must say: *la mujer policía* or *la oficial de policía.*

el cura: priest
la cura: the cure (disease)

el Papa: Pope
el papá: dad
la papa: potatoe

manzana: apple
manzano: apple tree

How am I supposed to know/remember all this during my examination?

Easy. Your best resource will be context. As well as other useful hints on correct usage of grammar forms.

For example: If we have a sentence on the test like this one: *"El Papa le dió la bendición a mi papá."* We know the first *'El Papa'* refers to the Pope, because is written in Capital Letters (see The Capital Letters section for review about this topic) and the second one, *'mi papá'* refers to my dad, because it has a grammatical accent (see The Rules for Stress in Spanish section for more about this topic). If we go further, the noun *'bendición'* refers to blessing, which is coherent with the word Pope.

Numbers

It's a category within grammatical morphology indicating plural or singular.

Singular: Refers to a single element; just one.
Plural: Refers to several elements; two or more.

Spanish: **Número: Singular, Plural.**

1. **Nouns** and **Adjectives** use the suffix -s or -es (in Spanish), denoting **plural**.

    Words ending in -l, -n, -r, -d, -z, -y goes with the suffix -es, whenever they are in the plural form.

    *Azul – azul**es***
    *Ojo – ojo**s***
    *Ojo azul – ojo**s** azul**es***
    *Agua – agua**s***
    *Limpia –limpi**as***
    *Agua limpia – agu**as** limpi**a***
    *Camión – camion**es***
    *Tenedor – tenedor**es***
    *Camión grande – camion**es** grand**es***
    *Tenedor filoso – tened**res** filoso**s***

2. Words ending in -z change to -ces when written in its plural form:

    la voz – las voces
    el lápiz – los lápices
    una vez – unas veces

3. **Pronouns** and **verbs** have their own forms in **plural**.

    Lo – los
    Canta – cantan
    Usted – ustedes
    Quehacer – quehaceres

4. Not all nouns come in both singular and plural.

    Some have no plural form. They are called: **Singularia Tántum**.

    - Collectives:
        gente
        la gente – correct
        las gentes – incorrect

        la población
        el público
        la policía
        el ejército

    - Abstract names:
        la sed
        el hambre
        el descanso
        la fe
        la pereza

    - Cardinal Points
        Norte
        Nortes – incorrect
        Sur
        Sures – incorrect

5. On the other hand, some others are written in 'plural' for both, the singular and plural form. The **number** will be indicated by the **article**.

    This form is called: ***Pluralia tántum***.

    > *El Lunes me tengo que levantar a las 8 am.*
    > *Los Lunes me tengo que levantar a las 8 am.*
    >
    > *¡Está lloviendo, tráete un paraguas!*
    > *¡Está lloviendo, tráete los paraguas!*
    >
    > *el paréntesis – los paréntesis*
    > *el viernes – los viernes (this apply for all days of the week)*
    > *el virus – los virus*
    > *el cumpleaños – los cumpleaños*
    > *la crisis – las crisis*
    > *el bíceps – los bíceps*

Articles

Spanish: **Artículos**

Articles link; articulate the words within a sentence.

It's the element within a sentence that goes before a subject to indicate its gender and/or number:

La maestra es muy buena.
Translation: *The teacher is good.*

In the example above the article *'La'* indicates the subject is feminine and singular. It also goes on capital letters since it's the first letter of the sentence.

The gender and number of the subject will always determine the article.

On the following chart you can see the different types of articles:

TYPE	DESCRIPTION	ARTICLES	EXAMPLES
Determined	Known subject	**Femine, Singular:** la **Femine, Plural:** las **Masculine, Singular:** el **Masculine, Plural:** los **Neutral, Singular:** lo	la tormenta, las mariposas el niño, los libros, lo mejor
Undetermined	Unknown subject	**Femine, Singular:** una **Femine, Plural:** unas **Masculine, Singular:** un, uno **Masculine, Plural:** unos	una bandera, unas estatuas un centavo, uno porciento, unos dulces,
Contracted	Union from the article "el" and the prepositions "a" and "de"	Neutral, Singular: al, del	Bailar **al** son de la música, Este lápiz de **del** señor

Cacophony (Cacofonía): is the unpleasant sound resulting from the union of two vowels. That's why we don´t say *"la agua"*. We know *'agua'* is feminine, since it starts with the letter *a* it sounds better if we say *"el agua"*. Avoiding this unpleasant sound called cacophony (English) or cacofonía (Spanish).

Another example: *el águila, el área, el hada, el hambre, el hacha.*

Plural forms remain as normal: *las águilas, las áreas, las hadas, las hachas.*
*hambre is already a collective form.

Therefore, if we have the following options during our examination, which do you choose?

(A) La maestra nos dijo que el ave llamada Águila Imperial se puede observar al atardecer.

(B) Las maestra nos dijo que la ave llamada Águila Imperial se puede observar a el atardecer.

(C) Una maestra nos dijo que el ave llamada Águila Imperial se puede observar al atardecer.

(D) La maestra nos dijo que el ave llamado Águila Imperial se puede observar al atardecer.

**The correct answers are A and C, since we have all correct forms of articles written. In B the form *"a el"* must be contracted to *"al"*, while on D, even though we have the article *"el"*, we know beforehand that the subject *"ave"* is feminine; that's why the verb must be feminine as well, the form *"llamado"* being incorrect.

On the other hand, the difference between determined and undetermined verbs relies on the fact that undetermined articles are general and vague.

Example:

John's mom is concerned about her son's health; she always tries to make him eat fruits. Yesterday she left an apple on the kitchen table for him to eat today in the morning; she told him in advance she would do so.

Today when she reminded him about it, what do you think she said?

"John, cómete la manzana".
John, cómete una manzana".

The best form is the first one *"John, cómete la manzana".*

Why? Because that apple particularly, is something already known for John. He knows the apple his mom is talking about.

Determined articles must be used for specific subjects. Therefore, if we say "Unos niños hablan Español", since we don't know which kids specifically, we must be speaking generally at this point.

If we say "Los niños hablan Español", we know pretty well or have an idea to which kids we are referring. Otherwise, the sentence must be complemented "Los niños en *Argentina hablan Español*".

Neuter Article: *Lo*

Its form comes exclusively in singular.

Following are the rules for its usage:
- *Lo* + adjective: *Lo bueno de esta experiencia, son los amigos que hice.*
- *Lo* + adverb: *Lo escencialmente importante es hacer ejercicio.*
- *Lo* + de: *Lo de ayer fue un mal entendido*
- *Lo* + adjective/adverb + *que*: *Lo que tú quieres es quedarte con mi dinero.*

In Spanish there's a noun form called **Sujeto Tácito**. It refers to a sentence in which the noun appears implied. The article 'lo' usually takes the part of that noun implied.

Example:

Jessica used to have a lot of money. She went gambling one day and lost it all. Yesterday she told this anecdote to a friend. She said:

"Lo perdí todo"
Translation: *I lost it all.*

We know she is talking about money and the article *lo* indicates that.

Nouns

Spanish: **Sustantivos**

Nouns are the words that we use to name people, animals, objects, plants, strengths, weaknesses, phenomena, places, rivers, cities, space, time, etc.

Examples:

People: *José, María, Constance, Rafael, Gerardo . . .*
Animals: *vaca, leopardo, jaguar, pantera, perro, gato, pez . . .*
Objects: *mesa, cuaderno, lápiz . . .*
Plants: *zanahoria, manzana, manzano, cedro, papa, pino, rosal . . .*
Strengths and weaknesses: *bondad, belleza, torpeza, fiereza . . .*
Phenomenon: *combustión, tornado, germinación, purificación . . .*

Places, Rivers, Cities, Space, Time, etc. . . ., *plaza, jardín, altura, longitud, hora, dia, año, Nazas, Amazonas, Mohawk, Yaki, Maya, Azteca, La Pampa, Cádiz, Volga, verano, Lake Buena Vista, Kissimmee . . .*

Like other elements of grammar, nouns are classified in different types according to their meaning and what they indicate. The following chart shows the different types of nouns in Spanish, their description and examples.

NAME	NOMBRE	DEFINITION	EXAMPLE
Proper Nouns	*Sustantivos Propios*	These nouns are used to name people, cities, newspapers, movie theaters, schools, continents, stars, etc . . . so we can identify each from the rest. The first letter is a Capital.	*María Carlota de Habsburgo, Benito Juárez, Sierra Leone, Iguazú, Bellas Artes . . .*
Common Nouns	*Sustantivos Comunes*	Nouns that are in lower case. These are words that are use to name a lot of people, animals or objects from the same species.	*hombre, flores, nubes, gato, amor . . .*
Individual Nouns	*Sustantivos Individuales*	Nouns that are used to name persons: Names and Surnames. First letter is a Capital.	*Sofía Martínez, Ana Hernández, Diego López . . .*
Particular Nouns	*Sustantivos Concretos*	Nouns that refer to any tangible, material being such as people, animals and objects.	*mesa, película, camión, clavel . . .*
Abstract Nouns	*Sustantivos Abstractos*	Nouns that refer to intangible phenomena, as well as qualities and intangible characteristics of people and situations.	*germinación, mezcla, combinación, digestión, vanlentía, belleza, sabiduría . . .*
Collective Nouns	*Sustantivos Colectivos*	Nouns that express plural, although they're written in singular.	*batallón, arboleda, gentío, docena, millar . . .*
Determined Collective Nouns	*Sustantivos Determinados*	Nouns that are precise with the number of elements/ beings they refer to.	*Compré una docena de huevos, bimestre, trimestre,bienal, centuria . . .*
Undetermined Collective Nouns	*Sustantivos Indeterminados*	Nouns that are not precise with the number of elements they refer to.	*parvada, ejército, enjambre, caballada . . .*
Partitive Nouns	*Sustantivos Partitivos*	Nouns that refer to a part of a whole.	*mitad, Quinto, milésimo . . .*
Nouns of Quantity	*Sustantivos Múltiplos*	Nouns that express an amount or quantity.	*duplo, décuplo, céntuplo . . .*
Simple Nouns	*Sustantivos Simples*	Nouns that are formed by a single word.	*sol, agua, rayo . . .*

NAME	NOMBRE	DEFINITION	EXAMPLE
Compound Nouns	*Sustantivos Compuestos*	Nouns that are formed by a simple word and a particle.	*antepecho (ante + pecho), superhombre (súper + hombre)*
Juxtaposed Nouns	*Sustantivos Yuxtapuestos*	Nouns that are formed by two words (2 nouns, 2 adjectives, 1 verb + 1 noun, 1 noun + 1 adjective . . .).	*agridulce (agrio + dulce), correcaminos (corre + caminos) pelirrojo (pelo+rojo) . . .*
Primitive Nouns	*Sustantivos Primitivos*	Nouns that are 'primitive'; they don't have their origin in any other words. They are their own base.	*árbol, mesa, lápiz, casa, libro . . .*
Derivative Nouns	*Sustantivos Derivados*	Nouns that come from another word; from a primitive word.	*Primitive: árbol Derivatives: arboleda, arbolito, Primitive: mesa Derivatives: mesero, mesita, mesota . . .*
Augmentative Nouns	*Sustantivos Aumentativos*	Nouns that refer to persons, animals, objects or other beings of bigger size.	*casa: casota libro: librote*
Diminutive Nouns	*Sustantivos Diminutivos*	Nouns that refer to persons, animals, objects or other beings of smaller size.	*casa: casita libro: librito*
Derogatory Nouns	*Sustantivos Despectivos*	Nouns that express contempt.	*Casucha, librillo, gentuza, mujerzuela, camastro . . .*
Patronymic Nouns	*Sustantivos Patronímicos*	Nouns/names derived from the father. A lot of surnames in Spanish are derived from the father's name.	*Name: Fernando Patronymic: Fernández, Ferriz, Ferraz, Ferrant . . .*
Verbal Derivatives	*Derivados Verbales*	Nouns derived from a verb.	*Verb: pintar Patronymic: pintor*
Ideological Diminutive Nouns	*Diminutivos Ideológicos*	Nouns that are not derived grammatically.	*ballena: ballenato vaca: becerro caballo: potro*

Adjectives

Spanish: **Adjetivos**

Adjectives modify nouns or attribute certain characteristics to them.

Example:

La casa es <u>antigua</u>.
Translation: The house is <u>old</u>.

La niña tiene los ojos <u>grandes</u>.
Translation: The girl has <u>big</u> eyes

Imagine a flower (una flor), a cow (una vaca) and a book (un libro). What adjectives might be used to describe them?

La flor *(The flower* *could be*	roja chica grande bella	*Una vaca* *(The cow,* *could be)*	floja blanca amorosa loca	*Un libro* *(The book,* *could be)*	largo pesado azul bellísimo

The word *flower* refers to all flowers in the world; when we say *the red flower* we are talking about a specific flower. In Spanish *'la flor'*; *'la flor roja'*. We are describing a certain flower, talking about a characteristic of it. Adjectives are words that help us describe objects, animals, persons, situations, moments, etc.

Adjectives agree in **gender** and **number** with the **noun** modified, ending in their respective feminine, masculine, singular or plural form.

*niña bonit**a** – niñas bonit**as***   *cubano trabajad**or** – cubanos trabajador**es***
*niño bonit**o** – niños bonit**os***   *cuban**a** trabajad**ora** – cubanas <u>trabajador**as**</u>*

To identify an adjective we must ask the 'how' question over the noun:

Sentence: *El sol es brillante. The sun is bright.*
Question: *¿Cómo es el sol? How is the sun?*
Answer: *brillante. Bright.*

Adjectives are classified in two ways:

1. **Qualitative (Calificativos):** Express qualities or characteristics of the noun within a sentence: *manzana dulce, perro grande, árbol bello* . . .
    *   These characteristics can be abstract: *persona feliz*, or tangible: *caballo blanco*,
    *   They can be **specific** about an attribute that makes the noun different from the rest: *Él es un atleta veloz. La sandía está jugosa.*
    *   They can describe an **intrinsic characteristic** of the noun, usually occurring before it: <u>*Blanca*</u> *nieve, Aquel fue un frío invierno.*

- **Qualitative Adjectives are Classified in:**
  - **Primitive:** *fea*
  - **Derivatives:** *feíta, feota*
  - **Augmentative:** *feota*
  - **Diminutives:** *feíta*
  - **Derogatory:** *feucha*
  - **Simple:** *fea*
  - **Compound:** *refea*
  - **Juxtaposed:** *roji-negra*
  - **Verbal:** *temible*
  - **Gentilicios:** *americano, española, mexicano, peruano, boliviana, cubana, barranquillera, norteño, sureño . . .*

2. **Determinative (Determinativos):** These adjectives introduce and explain the noun within a sentence: *algunos amigos, siete días.* Determinative Adjectives do not qualify but determine, indicate the person, animal or object the refer to: *cinco pesos, alguna vaca.* These are divided into:

- **Numerals**
  - **Cardinal:** refer to the number; *trece vacas, catorce días . . .*
  - **Ordinal:** quote the order: *segundo hijo, tercer lugar . . .*
  - **Partitives:** refer to the part of a whole: *media naranja, un cuarto de kilo . . .*
  - **Multiple:** indicate how many times a quantity contains another: *gasto el doble que antes, triple decímetro . . .*
- **Demonstratives:** They **indicate, point, mark** the person or object they refer to: *aquel perro me mordió, ¿De quién es este sombrero? . . .*

MASCULINE	FEMININE
Singular: **este, ese, aquel**	Singular: **esta, esa, aquella**
Plural: **estos, esos, aquellos**	Plural: **estas, esas, aquellas**

- **Possessive:** indicate the owner of the object, person, animal or being they refer to; *mis tios, tus zapatillas de ballet . . .*

  <u>**List of Possessive Adjectives (5):**</u> *mío, tuyo, suyo, nuestro, vuestro;* <u>**Singular:**</u> *mi, tu, su;* <u>**Plural:**</u> *mis, tus, sus . . .*

- **Indefinite: don't refer** to any noun **in particular**, they are **vague** and **general**: *<u>muchos</u> años atrás, <u>varios</u> alumnos no asistieron a la escuela.*

  <u>**List of Indefinite Adjectives:**</u> *muchos, pocos, algunos, varios, otros, cualquiera, cierto, cada, tamaño, ninguno, uno, cuanto, los demás, las demás, ajeno, mismo, propio, tal, cual, tanto, cuanto, bastante, harto, demasiado.*

There are different categories of adjectives:

- **Positive:** Indicates the noun attribute: *Gato **negro**.* In an absolute way, without comparison.
- **Comparative:** Indicate the noun attribute compared to other noun: *Carlos es **más alto** que Javier.*
- **Superlative:** Indicats the noun attribute in its highest level: *Carlos es **el más alto** de todos/Carlos es **altísimo**.*

Verbs

Spanish: **Verbos**

Verbs are the words that help express existence, action or state of being, usually indicating time and person.

They can be classified according to their: ***conjugation, meaning*** and ***structure***.

Verb Classification According to Conjugative

- **Regular.** These are verbs that do not change their base form whenever they are conjugated: *amar, comer, vivir . . . amado, amas, amamos . . .*
- **Irregular.** These verbs change their ending whenever they are conjugated: *soy, seré, sido . . . voy, vas, van . . .*
- **Defective.** These verbs are conjugated only in some tenses with some grammatical persons: *soler, suelen, solían . . .*
- **Impersonal.** These are conjugated only in 3rd person, singular (they usually refer to a natural phenomenon): *llueve mucho, amaneció nublado, anochece tarde en verano . . .*

Verb Classification According to their Meaning

- **Transitive.** Express a 'transmissible' action from the subject to another object named *direct object; Yo como verduras = Las verduras son comidas por mi.*

  - **Transitive Verbs:**

ablandar	*escribir*	*vender*
comer	*zurcir*	*pintar*
tener	*barrer*	*teñir*
temer	*brincar*	*quemar*
defender	*cortar*	*tachar*
abrir	*venerar*	*enseñar*
romper	*besar*	*premiar*
coser	*conocer*	*acusar*

- If there's no *direct object* in the sentence, then the verb becomes **intransitive**.
  - Some verbs are impossible to have a *direct object*. They are usually divided into 3 categories:
  - Verbs meaning **existence**: *vivir, ser, existir, haber;* '*Hubo sesión en el Congreso*'.
  - Verbs meaning **state of being**: *estar, crecer, diminuir, distar . . .;* '*Los árboles crecen*'.
  - Verbs referring to actions unable to be performed by subjects: *nacer, morir, salir, andar, llorar, acontecer . . .;* '*¿Estás llorando?*'

  <u>Would be incoherent to say: *'Llorado estás'*</u>

  - **Intransitive Verbs:**

gritar	*crecer*	*luchar*
gemir	*descansar*	*relumbrar*
titubear	*hablar*	*cortar*
perecer	*vivir*	*delirar*
reír	*abusar*	
palidecer	*temblar*	

- **Copulative.** Copulative verbs do not have a full meaning, they link different parts within a sentence as the subject with the rest of the statement.

  The main **Copulative verbs** are: *ser* and *estar.*
  '*Mi papá es médico*', '*Las personas están molestas*'.

- **Reflexive.** These verbs refer to an action performed by the subject itself: '*Te miras en el espejo demasiado*', '*Se <u>esfuerza</u> poco*'.

  Reflexive Verbs must be accompanied by the pronouns: *me, te, se, nos, os.*

- **Reciprocal.** These verbs refer to a mutual exchange of action.
  Reciprocal verbs are always expressed in plural; there must be two subjects so they can have their proper grammatical functionality.
  '*Los lobos se <u>amenazaron</u> con gruñidos*'
  '*Los animales de la misma especie se <u>reconocen</u> entre sí*'.

Reciprocal Verbs are always accompanied by the following pronouns: *se, nos, os.*

- **Auxiliary.** Auxiliary verbs partially or totally lose their meaning to accompany a verb and help build compound tenses. This applies to all verbs. The main **auxiliary verbs** are: *haber, ser, ir* and *estar.*
  '*<u>Han</u> pintado las paredes de azul*'
  '*Nosotros <u>hubiéramos</u> ido al circo*'
  '*Elena <u>va</u> a ir con el estilista*'.
  '*Cesáreo fue perdonado*'

Verb Classification to Meaning

- **Primitive.** Primitive verbs do not derive from another word: *hablar, cantar, silbar, mirar, volar* . . .

- **Derivatives.** Derivative verbs derive from another word; *habladurías = hablar,*
  cántico, cantante = cantar,
  silbato, silbido = silbar,
  mirador, mirón = mirar,
  vuelo, volador = volar . . .

- **Simple:** conformed by one word; **simple verbs** can coincide with **primitive verbs**; *lavar, ver, escribir, morir* . . .

- **Compound:** conformed by two words:
  Malcriar = mal + criar
  Maniobrar = mano + obrar
  Menospreciar = menos + apreciar
  Sobrentender = sobre + entender

- **Prepositive:** accompanied by a preposition:
  'El artículo consta de tres páginas'
  'Piensa en los demás'
  'Carmela soñaba con un mundo mejor' . . .

Adverbs

Spanish: **Adverbios**

Adverbs complement **verbs, adjectives** and other **adverbs**.
- Adverbs complement **Verbs**: Ella *habla rápido*.
- Adverbs complement **Adjectives**: *El discurso es muy interesante*.
- Adverbs complement other **Adverbs**: *La escuela está aquí cerca*.

Gender and **Number** are invariable.
Mariano estudia mucho.
Ana estudia mucho.
Laura y María estudian mucho.

According to their meaning, adverbs are classified in different types:

Place (Lugar)	*Ahí, allí, aquí, acá, delante, detrás, arriba, abajo, cerca, lejos, encima.*	*Tus libros están aquí.*
Time (Tiempo)	*Ya, aún, hoy, temprano, tarde, pronto, todavía, ayer, nunca, siempre, jamás, ahora.*	*Juan no ha llegado aún.*
Mode (Modo)	*Mal, bien, regular, deprisa, despacio, mejor, peor, igual, similar, fácilmente, difícilmente, así, naturalmente . . .*	*La comida de Susana es mejor.*
Negation (Negación)	*No, tampoco, negativamente, nunca, jamás.*	*Yo nunca he estado en Bogotá.*
Affirmation (Afirmación)	*Si, también, verdaderamente, efectivamente.*	*Gerardo estudia efectivamente.*
Doubt (Duda)	*Acaso, quizás, igual.*	*Armando quizá vaya a La Plata.*
Desire (Deseo)	*Ojalá*	*¡Ojalá lloviera mañana!*
Quantity or level (Cantidad o nivel)	*Demasiado, bastante suficiente, algo, mucho, poco, casi, tanto . . .*	*Luis comió bastante.*
Inclusion or exclusion (Inclusión o exclusión)	*Excepto, inclusive, exclusive, salvo, menos . . .*	*Todos escucharon el sonido excepto yo.*
Opposition (oposición)	*Sin embargo, no obstante . . .*	*Leonardo no ve television desde hace un año, sin embargo, ayer la encendió.*
Order (orden)	*Primero, luego . . .*	*Nosotros siempre tomamos un descanso, luego continuamos trabajando.*
Ending with suffix -mente (Terminación -mente)	*Previamente, esencialmente, mentalmente . . .*	*Ella escribe lentamente.*

A good way to identify an adverb within a sentence is to ask the "how" question regarding the verb. For example:

Sentence: *Amanda corre velozmente todos los días. (Amanda run fast every day).*
Verb: *corre. (Run).*

Question: *¿Cómo corre Amanda? (How does Amanda run?)*
Answer (Adverb): *velozmente. (fast).*

Prepositions

Spanish: **Preposiciones**

Prepositions are the link between nouns, adjectives, verbs and adverbs.

a	*ante*	*bajo*	*cabe*	*con*	*contra*	*de*	*dese*	*en*	*entre*	*excepto*
hacia	*hasta*	*para*	*por*	*salvo*	*según*	*sin*	*so*	*sobre*	*tras*	

Examples:

*Árbol **sin** hojas.* (Noun + Noun).   *Lejos **de** Honduras.* (Adverb + Noun).

*Casa **de** madera.* (Noun + Noun).   *Voy **a** La Plata.* (Verb + Noun)

*Suave **para** mi paladar.* (Adjective + Noun).

Meaning

A: Direction. *Voy **a** la plata.* Time: ***a** tres días de visita.*

Ante: In front of. *Se hincó **ante** él.*

Cabe: Next to. *Estoy descansando **cabe** la orilla del río.* **Its usage is not common.

Con: With. *Voy **con** Antonio.*

Contra: Against, in front. *Tu casa está **contra** la del Sr. Armando.*

De: Means possession. *Casita **de** madera.*

Desde: Means from the beginning of time, place and/or number. ***Desde** el Sur de California . . . **Desde** las 3 de la mañana . . .*

En: Place. *Nací **en** Madrid.*

Entre: Interposition, in between. *Me pones **entre** la espada y la pared.* **Popular saying

Hasta: Means 'till the limit, end'. *No dormiré **hasta** que amanezca.*

Para: Means something intended for a reason or use. *Esta es una silla **para** montar.*

Por: By, For. *Lucho **por** mis ideales.*

Sin: Without. *Vida **sin** salud.*

So: Under. ***So** pena de muerte, so pretexto.* **Its usage is not common anymore.

Sobre: In, above, onto, on top of. *Dejé la lámpara **sobre** la mesa.*

Prepositional Phrases

Acerca de, tocante a, contra la voluntad de, al cabo de, detrás de, al alcance de, al fin de, además de, fuera de, a pesar de, por causa de.

**During your examination you may encounter a question as the following:

Selecciona la mejor respuesta que complete la oración.

Anita fue al concierto _____ su mamá no le dio permiso.

   (A)   *de*

   (B)   *con*

   (C)   *a pesar de*

   (D)   *contra*

*Correct Answer: C

Conjunctions

Spanish: **Conjunciones**

Conjunctions are words that **link** two words of the same kind. Let's say noun + noun, adjective + adjective, verb + verb, adverb + adverb or two sentences.

Examples:

Andrea y Javier. (Noun + Noun).

Ella es tímida y seria. (adjective + adjective).

Brincar y correr. (verb + verb).

Ahora o nunca. (adverb + adverb).

Classification

Copulative	*y, e, ni, que*
Disyuntiva	*u, o, ora, ya, bien*
Adversative	*mas, pero, cuando, aunque, sino, obstante, a pesar de, antes bien*
Conditional	*si, como, con tal que, siempre que*
Casual	*porque, pues, puesto que, supuesto que*
Comparative	*así, así como, lo mismo, del mismo modo*
Continuative	*así que, así es que, además de, pues*
Inferential	*aunque, luego, pues, por tanto*
Eventual	*porque, para que, a fin de que*

Conjunctive Phrases

Afin de que, ahora si que, a no ser que, a medida que, antes que, con tal que, en vista de que, después que, así es que, por lo mismo que, siempre que, si no fuera por, por

Pronouns

Spanish: **Pronombres**

We call **pronouns** the words referring to first, second or third person; themselves, their actions, belongings or situations they are in. Pronouns are classified in **Subject Pronouns, Demonstrative, Possessive, Indefinite and Relative Pronouns.**

Subject Pronouns

Spanish: **Pronombres Personales**

Subject Pronouns: *yo, tú, él, ella, nosotros, nosotras, vosotros, vosotras, ustedes, ellos, ellas.*

In Spanish, the subject (1st, 2nd, or 3rd in both singular and plural forms) is grammatically correct and accepted to refer to all beings and non-living beings.

Therefore, animals, plants, angels, abstract forms, rocks and people: everything existing within this universe and beyond are expressed as grammatical subjects within sentences.

There are 3 basic grammatical subjects:

| First: *yo*. **The person who is talking.** |
| Second: *tú*. **The person who is being talked to.** |
| Third: *él*. **The person whose being talking about.** |

These same **subject pronouns** have their respective **plural form** as well as **feminine form**. In the case of the **third person** there's a **neuter form**, too.

PERSON	SINGULAR			PLURAL		
	FEMININE	MASCULINE	NEUTER	FEMININE	MASCULINE	NEUTER
FIRST	*yo*	*yo*		*Nosotras Vosotras*	*Nosotras Vosotras*	
SECOND	*tú*	*tú*		*Ustedes*	*Ustedes*	
THIRD	*ella*	*él*	*ello*	*Ellas*	*Ellos*	*Ellos*

Notwithstanding the rest of the elements within a sentence, **pronouns** are modified to fit with the meaning of the idea to express. There are 4 different types of modifications:

- **Nominative:** The pronoun works as the subject: *"**Yo** tengo una paleta"*.
- **Direct:** The pronoun works directly along with the verb: *"No **me** estás escuchando"*.
- **Indirect:** The pronouns works indirectly along with the verb: *"Debes escuchar**me**"*.
- **Terminus:** The pronoun works along with a preposition: *"Hazlo por **ti**"*.

The following charts show the different modifications pronouns might have in accordance with the sentence and its meaning.

1st Person

	SINGULAR	PLURAL
nominative	*Yo*	*Nosotros, Nosotras*
examples	*Yo tengo un diplomado en danza.*	
	Nosotros estudiamos arte.	
DIRECT	*Me*	*Nos*
examples	*Me gradué de Bellas Artes.*	
	Nos graduamos del Conservatorio de Música.	
INDIRECT	*Me, Mí*	*Nos*
examples	*Quisiera graduarme de la escuela de Ballet.*	
	El Arte nos enseña a liberar el alma.	
TERMINUS	*Mí*	*Nosotros, Nosotras, Nos*
examples	*Me debieron de haber avisado a mí y no a mi mamá.*	
	Ellos aprendieron de nosotros.	

2nd Person

	SINGULAR	PLURAL
nominative	*Tú*	*Vosotros, Vosotras, Vos*
examples	*Tú tienes el poder en tus manos.*	
	Vos tienen que ir a votar.	
DIRECT	*Os*	*Nos*
examples	*Quien te ama, te dirá la verdad.*	
	Os ruego me perdonéis.	
INDIRECT	*Te, Ti*	*Os*
examples	*Te eligieron a ti.*	
	Ya os lo he dicho.	
TERMINUS	*Ti*	*Vosotros, Vosotras, Vos*
examples	*Debieron de haberte avisado a ti.*	
	Debieron de haber avisado a vosotras.	

3rd Person Feminine

	SINGULAR	PLURAL
nominative	*Ella*	*Ellas*
examples	*Ella es mi mejor amiga.*	
	Ellas van en el colegio con migo.	
DIRECT	*La*	*Las*
examples	*La sentencia se la daré a quien la merece.*	
	Nosotras éramos las que hacíamos ruido.	
INDIRECT	*Le*	*Les*
examples	*No hay porqué temerle a la oscuridad.*	
	Fueron a contarles un cuento a los niños.	
TERMINUS	*Ella*	*Ellas*
examples	*Le acusaron de robo a ella, no a mí.*	
	Teniéndoles a ellas para ayudarte ¿Por qué acudes a mí?	

3rd Person Masculine

	SINGULAR	PLURAL
nominative	*Él*	*Ellos*
examples	*Él tiene la llave de mi departamento.*	
	Ellos estudian francés.	
DIRECT	*Le, Lo*	*Los*
examples	*El señor le mandó decir que le guardase su portafolio.*	
	Tuve que pagarles a los que les debía dinero.	
INDIRECT	*Le*	*Les*
examples	*La maestra mandó decirle que le mandara la tarea.*	
	Si tan solo hubiese sabido que teniéndoles aprobaría la materia.	
TERMINUS	*Él*	*Ellos*
examples	*El perro se lo dieron a él.*	
	Los puntos extra se los otorgaron a ellos.	

3rd Person Neuter

**During your examination you may go through a question as the following:

	SINGULAR
nominative	*Ello*
example	*Ello se debe hacer con calma.*
DIRECT	*Lo*
example	*Lo que hicieron en el pasado ya no importa.*
INDIRECT	*Lo*
example	*Al fotógrafo hay que mandarlo a tomar las fotos.*
TERMINUS	*Ello*
example	*Yo no sabía qué hacer con ello.*

Completa la siguiente oración:

A __1__ les mandarin un regalo. Nadie sabía __2__ que era. Nosotros pensábamos que quien lo enviaba debía __3__ costado mucho dinero. Al final supimos que el regalo __4__ había encantado.

(A) *Nosotros*	(B) *él*	(C) *ellos*	(D) *Ustedes*
lo	*el*	*lo*	*lo*
haberle	*haberles*	*haberle*	*haberles*
las	*los*	*les*	*los*

Correct Answer: C

Demonstrative Pronouns

Spanish: **Pronombres Demostrativos**

Demonstrative Pronouns: *éste, ése, aquél, esta, esa, aquella, estas, esas, aquellas, esto, eso, aquello, estos, esos, aquellos.*

They refer to people or objects already known and/or named. They are commonly used to point out their situation regarding a specific person or object. Demonstrative Pronouns, as the name suggests, demonstrate or 'point' a subject situation or status. They come in the masculine, feminine and neutral form in both singular and plural.

Éste, refers to a being or non-living being close to a subject in 1st person.
Ése, refers to a being or non-living being close to a subject in 2nd person.
Aquél, refers to a being or non-living being far from a subject in either 1st or 2nd person.

The following chart explain the status of each pronoun mentioned above with a few examples of their usage.

MASCULINE SINGULAR

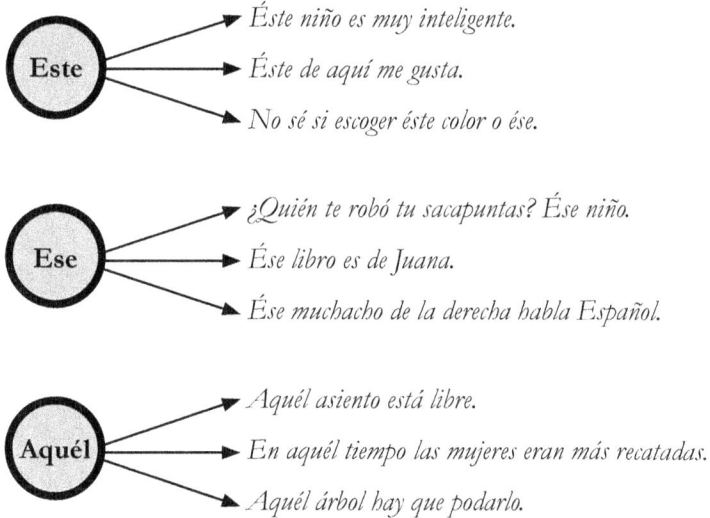

Este
- *Éste niño es muy inteligente.*
- *Éste de aquí me gusta.*
- *No sé si escoger éste color o ése.*

Ese
- *¿Quién te robó tu sacapuntas? Ése niño.*
- *Ése libro es de Juana.*
- *Ése muchacho de la derecha habla Español.*

Aquél
- *Aquél asiento está libre.*
- *En aquél tiempo las mujeres eran más recatadas.*
- *Aquél árbol hay que podarlo.*

MASCULINE PLURAL

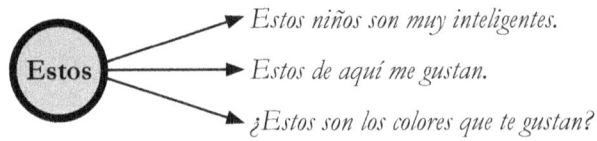

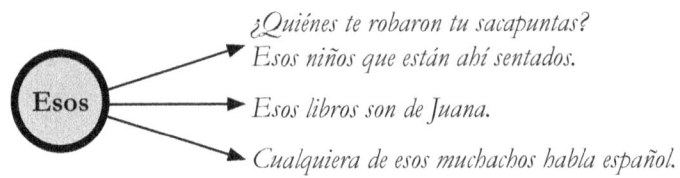

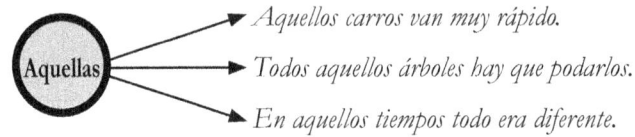

Estos
- Estos niños son muy inteligentes.
- Estos de aquí me gustan.
- ¿Estos son los colores que te gustan?

Esos
- ¿Quiénes te robaron tu sacapuntas? Esos niños que están ahí sentados.
- Esos libros son de Juana.
- Cualquiera de esos muchachos habla español.

Aquellas
- Aquellos carros van muy rápido.
- Todos aquellos árboles hay que podarlos.
- En aquellos tiempos todo era diferente.

FEMININE SINGULAR

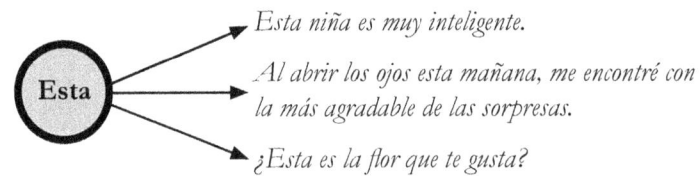

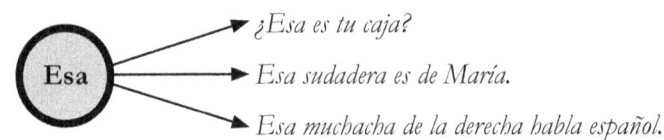

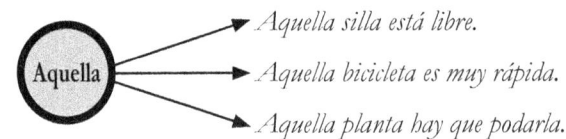

Esta
- Esta niña es muy inteligente.
- Al abrir los ojos esta mañana, me encontré con la más agradable de las sorpresas.
- ¿Esta es la flor que te gusta?

Esa
- ¿Esa es tu caja?
- Esa sudadera es de María.
- Esa muchacha de la derecha habla español.

Aquella
- Aquella silla está libre.
- Aquella bicicleta es muy rápida.
- Aquella planta hay que podarla.

FEMININE PLURAL

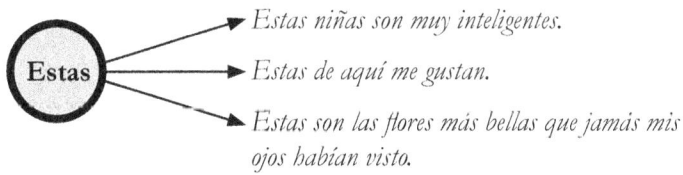

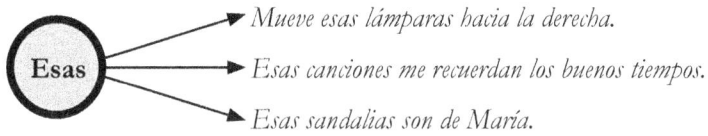

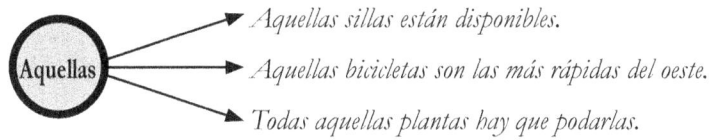

Estas
- Estas niñas son muy inteligentes.
- Estas de aquí me gustan.
- Estas son las flores más bellas que jamás mis ojos habían visto.

Esas
- Mueve esas lámparas hacia la derecha.
- Esas canciones me recuerdan los buenos tiempos.
- Esas sandalias son de María.

Aquellas
- Aquellas sillas están disponibles.
- Aquellas bicicletas son las más rápidas del oeste.
- Todas aquellas plantas hay que podarlas.

NEUTRAL SINGULAR

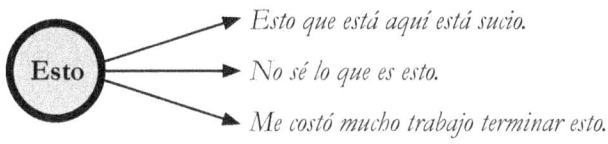

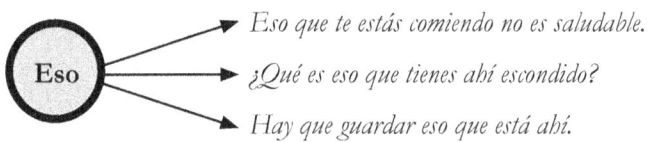

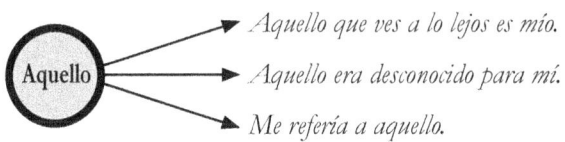

Esto
- Esto que está aquí está sucio.
- No sé lo que es esto.
- Me costó mucho trabajo terminar esto.

Eso
- Eso que te estás comiendo no es saludable.
- ¿Qué es eso que tienes ahí escondido?
- Hay que guardar eso que está ahí.

Aquello
- Aquello que ves a lo lejos es mío.
- Aquello era desconocido para mí.
- Me refería a aquello.

NEUTRAL PLURAL

Same as masculine plural form.

Possessive Pronouns

Spanish: **Pronombres Posesivos**

Possesive Pronouns refer a person, object or any other living or non-living being and to whom they belong to. They come in the 3 grammatical persons in feminine, masculine, singular and plural and neuter form.

1st person	*Mío, mía, míos, mías, nuestro, nuestra, nuestros, nuestras.*
2nd person	*Tuyo, tuya, tuyos, tuyas, vuestro, vuestra, vuestros, vuestras.*
3rd person	*Suyo, suya, suyos, suyas.*

Examples:

> *Este libro es <u>mío</u>.*
> *Yo no sabía que esta computadora era <u>tuya</u>.*
> *Todo lo que sea <u>suyo</u>, devuélveselo.*

Indefinite Pronouns

Spanish: **Pronombres Indefinidos**

Indefinite Pronouns refer to people, objects, living or non-living beings, without specifying any details about them. They are not defined.

They come in different forms: affirmative, negative and quantity. Some are pronouns, some others adjectives.

1ST GROUP: <u>Affirmative Meaning</u>

> *Algo, alguien, alguno; cada uno, cada cual; cualquiera, quienquiera, fulano, zutano, mengano, perengano.*

2ND GROUP: <u>Negative Meaning</u>

> *Nadie, nada, ninguno.*

3RD GROUP: <u>Express Quantity or Number</u>

> *Uno, otro; varios; bastante, harto, mucho, poco; más, menos, cuanto, tanto.*

**As said before, these words can work as pronouns or adjectives.

The following will always work as pronouns within sentences:

> *Alguien, nadie; cada uno; cada cual; quienquiera.*

Examples Using Indefinite Pronouns Within Sentences:

Cada cual puede hacer con su vida lo que mejor le plazca.

Yo no me meto con nadie y así, me evito problemas.

No encuentro nada de lo que compré en el viaje.

Hay algo que me atrae de ese chico.

Alguien me dió un golpe en la cabeza y no sé quién fue.

Ninguno de ustedes puede retroceder en la elección que acaban de hacer.

Tú tienes algo que me pertenece.

Relative Pronouns

Spanish: **Pronombres Relativos**

They refer to a subject/noun previously mentioned.

Relative Pronouns are: *que, quien, cuyo, cual, cuanto.*

*"La esperanza es la mano misteriosa **que** nos acerca a lo que deseamos".*

In the example above, the noun '*mano*' is the aforegoing element to be referred to by the relative pronoun '*que*'.

*"Ismael estudió la carrera de cazador de ballenas, **la cual** es muy difícil."*

In this example, the relative pronoun '*la cual*', refers to the previously mentioned subject '*la carrera*'. Expressing it is very difficult.

As in other grammatical elements, **relative pronouns**, come in singular, plural, feminine and masculine.

	SINGULAR				**PLURAL**			
Neuter	*que*	*quien*		*cual*			*quienes*		*cuales*
Feminine	*la que*		*cuya*	*la cual*	*cuanta*	*las que*		*cuyas*	*las cuales*
Masculine	*el que*		*cuyo*	*el cual*	*cuanto*	*los que*		*cuyos*	*los cuales*

**Be Careful with *que*. When there's a noun to be referred and the context indicates it, '*que*' works as a relative pronoun, otherwise it a conjunction.

- In questions, *que* is always a pronoun.
  ¿Qué hiciste de comer?
- In exclamations, *que* is a pronoun as well.
  ¡En qué estabas pensando!
- Within a comparative sentence, *que* is a pronoun.
  Es mejor ser pobre que ladrón.
- After a verb, *que* works as a pronoun also.
  Sancho amigo, has de saber que yo nací por querer del cielo . . .

Interrogatives, Exclamations

Spanish: **Interrogación y Exclamación**

In Spanish, as in other languages, it is sometimes necessary to ask questions: to get directions, the time, the weather, etc. There are questions that can be answered with yes or no and there are questions that need details.

**In Spanish there are 2 question marks and 2 exclamation marks, accordingly: ¿? ¡ . . .

This is to open the question/exclamation and to close it. This comes in handy whenever you are reading aloud since you know where the question/exclamation starts and can make the voice emphasis.

Following are the **question words** used in Spanish, all of them have accent marks and the proper question marks.

¿Cuál? ¿Cuáles?	Which (one(s))?	¿De dónde?	From where?
¿Cuándo?	When?	¿Qué?	What?
¿Cuánto?	How much?	¿Para qué?	What for?
¿Cuánta?		¿Por qué?	Why?
¿Cuántos?	How many?	¿Quién?	Who?
¿Cuántas?		¿Quiénes?	
¿Cómo?	How? What?	¿A quién? ¿A quiénes?	Whom?
¿Dónde?	Where?	¿De quién? ¿De quiénes?	Whose?
¿Adónde?	To where?		

These words alone or preceded by a preposition, introduce interrogative or exclamatory sentences, **directly**:

¿Qué pasó?
¿Cuál es tu número telefónico?
¿Cuáles son tus pertenencias?
¿Cuánto cuesta?
¿Cuánta gente vendrá?
¿Cuántos amigos tienes?
¿Cuántas monedas necesitas?
¿Cómo le hago?
¿Dónde estás?
¿Adónde vas?

¿De dónde lo obtuviste?
¿Para qué lo requieres?
¿Por qué no viniste?
¿Quién es tu novia?
*¿Quiénes son tus papás?**
¿Quiénes te acompañan?
¿A quién se lo vas a dar?
¿A quiénes les fue mal en el examen?
¿De quién es este lápiz?
¿De quiénes son estos libros?

*In Spanish the plural 'papás' refers to both parents; the mother and the father. Even though it is in masculine.

¡Pero qué dices!   *¡Quiénes estaban en el accidente!*
¡Cuál es tu problema!   *¡A quién le dieron el premio!*
¡Cuáles materias reprobaste! *¡A quiénes descubrieron!*
¡Cuánto tiempo ha pasado!   *¡De quién es la culpa!*
¡Cuánta coincidencia!   *¡De quiénes son los niños gorrosos!*
¡Cuántos años sin vernos!
¡Cuántas veces lo tengo que repetir!
¡Cómo estás!
¡Dónde has estado!
¡Adónde se fueron todos!
¡De dónde saliste!
¡Para qué te ibas!
¡Por qué lo invitaste!
¡Quién fue!

The words above can also refer to and introduce interrogative and exclamatory sentences, **indirectly**:

'Ya verás <u>qué</u> bien la pasaremos'
'No explicó <u>cuáles</u> fueron las causas de muerte'
'No imaginas <u>cómo</u> ha crecido mi hijo'
'El termómetro indica <u>cuánto</u> ha subido la temperatura'
'Pregunta por <u>dónde</u> se entra al restaurante'

They can function as nouns, as well:

'A mí no me importa <u>el cómo</u>, sino cuánto tiempo te tardas en realizar el trabajo'.
'Me tienes que decir <u>el cuándo</u> y <u>el dónde</u> de la intervención'.

The particle *'que'* have various grammar functionalities in Spanish:

- **Pronoun** on interrogative, exclamatory or relative sentences;
  ¿<u>Qué</u> estás haciendo?, ¡<u>Qué</u> perro tan juguetón! . . .
- **Conjuction**. *'Mira <u>que</u> estoy aquí'*
- **Subordinating Noun**. *'Te dije <u>que</u> vinieras'*
- **To introduce a question**. *'¿<u>Qué</u> cocinarás hoy?'*

Difference between *por qué, porqué, porque, por que*.

a) *Por qué*. Introduces interrogative and exclamatory sentences, directly and indirectly;
   '¿<u>Por qué</u> llegaste tan temprano?',
   '¡<u>Por qué</u> dejaste que se fuera!,
   'No entiendo <u>por qué</u> estás enojado'

b) **Porqué**. It is a masculine noun referring to a cause, a motive or a reason and it is written with accent since it is a word categorized as 'aguda' (See *'Rules for Stress in Spanish'* for more reference);
   '<u>El porqué</u> de que las ballenas lleguen en invierno es un misterio'
   'En esta vida, todo tiene <u>un porqué</u>'

c) **Porque**. It works as a conjunction. It is replaceable by the phrases *'puesto que'* and *'ya que'*. It is mainly used to give explanation to a question (frequently made using the question word *'¿Por qué . . .?'*).

'¿Por qué no fuiste a la fiesta?
Porque me sentía enferma'.

d) **Por que**. We can find these two words together in sentences whenever they are working separately as preposition and relative pronoun respectively; or whenever they are working separately as a preposition and a conjunction. In the latter case, since they are working on their own, they can be split, or as a separable phrase (which isn't, they are just working independently within a statement).

'Este es el motive por el que quise que vinieras a mi casa'
'Brindemos por los que ya no están con nosotros'.

Tenses

By now, we know words are classified according their formal variations, how they work and their meaning.

There are eight word categories within grammar: **nouns, adjectives, articles, pronouns, verbs, adverbs, prepositions and conjunctions.**

****Interjections** are not considered a grammatical category since they don't perform any function within syntax.

Verbs express actions, attitudes, transformations, modes and movements about things and beings.

Verbs have different attributes: **person, number, mode** and **time**.

The combination of some of them on a single verb is called *Conjugation (Spanish: conjugación)*.

Verb Attributes

Number & Person

Verbs indicate the person doing the action, whether singular or plural.
On the following chart you can see different verb forms with their respective person and number.

Grammatical Person	Singular	Plural
First	Yo sonrio	Nosotros sonreimos Nosotras sonreimos
Second	Tú sonríes Usted sonríe	Ustedes sonrien Vosotros sonreís
Third	Él sonríe Ella sonríe	Ellos sonríen Ellas sonríen

However, in Spanish, the personal pronoun is usually omitted since the verb form itself is enough to express the grammatical person they refer to.

That´s why saying *'yo sonrio'* is all right as well as *'sonrio'*, the pronoun *'yo'* is already expressed.

Yo practico yoga = Practico yoga

Tú practicas yoga = Practicas yoga

Él practica yoga = Practica yoga

Ella practica yoga = Practica yoga

Nosotros practicamos yoga = Practicamos yoga

Nosotras practicamos yoga = Practicamos yoga

Ustedes practican yoga = Practican yoga

Ellos practican yoga = Practican yoga

**During your examination you may be asked to identify the correct conjugations for verbs on a certain person. Questions like the following, can be encountered:

Choose the best answer to complete the following sentence:

El _____ una camisa azul, yo _____ una verde.

(A) *tener, tener*

(B) *tener, tengo*

(C) *tiene, tener*

(D) *tiene, tengo*

*Correct Answer: D

Mode

There are 3 different modes to express what we want to say in Spanish: **Indicative, Subjunctive** and **Imperative**.

Indicative: refers to real facts whether in past, present or future.

Yo canto en un bar.

Nosotras estudiamos en La Universidad de Chile.

Por favor, empiecen de nuevo.

Subjunctive: expresses possible facts or actions, desires, doubts, beliefs, suppositions or anything the speaker may be afraid of.

Deseo que todos asistan a mi fiesta.

Nos gustaría que María hablara en la asamblea.

Probablemente no te convenga venir a mi casa.

Imperative: expresses an order or a petition. It occurs only in both singular and plural of the second person.

Abre la ventana, por favor.

No fumen adentro de la casa.

Empieza de nuevo.

Time

The main tenses are: **Present, Past** and **Future**. However, there are other tenses to express diverse temporalities, known in Spanish as: ***Copretérito, Pospretérito, Antepresente, Antepretérito, Antefuturo, Antecopretérito*** and ***Antepospretérito***.

Verb Tenses can be simple or compound.

Simple Verb Tenses are formed by the verb and a different ending depending on the person, time, gender and number.

Compound Verb Tenses are formed by the auxiliary verb 'haber' and the participle of the corresponding verb matching with person, time, gender and number.

Some Examples:

Simple	**Yo bailo**	**Ella bailó**	**Nosotros bailaremos**
Compound	Yo he bailado	Ella hubo bailado	Nosotros habríamos bailado

Following are the Indicative, Subjunctive and Imperative modes on the different tenses:

INDICATIVE MODE TENSES	
Simple	**Examples**
Present Presente	Amo
Past Pretérito	Amé
Future Futuro	Amaré
Past Imperfect Copretérito	Amaba
Conditional Simple I Pospretérito/Condicional	Amaría
Compound	**Examples**
Present Perfect Simple Antepresente	He amado
Past Perfect Simple Antepretérito	Hube amado
Future Perfect Antefuturo	Habré amado
Antecopretérito	Había amado
Conditional Simple II Antepospretérito	Habría amado
SUBJUNCTIVE MODE TENSES	
Simple	**Examples**
Present Presente	Ame
Past Pasado	Amara/Amase
Future Futuro	Amare
Compound	**Examples**
Present Perfect Simple Antepresente	Haya amado
Past Perfect simple Antepretérito	Hubiera amado
Future Perfect Antefuturo	Hubiere amado
IMPERATIVE MODE TENSES	
Simple	**Examples**
Present Presente	Ama (tú)

The Indicative

As mentioned before, the **indicative** expresses actions, events and anything believed to be true. It indicates everything that is concrete, tangible (contrary to the subjunctive which expresses all that is abstract).

Present Indicative

Spanish: **Presente**

It expresses:

- The referred action is taking place at the moment it is spoken.
    - *Ahora quiero un té.*
    - *Lo veo y no lo creo.* **Popular phrase in some Spanish speaking countries
    - *Veo que tienes frío.*

- Routine activities.
    - *Corro 30 minutos todas las mañanas.*
    - *Mi mamá cocina pescado todos los viernes.*
    - *Todos los domingos visitamos a los abuelos.*

**During your examination: Look for the reference in time that indicates it is a routine activity. In the examples above the phrase *'todas las mañanas'*, *'todos los viernes'* and *'Todos los domingos'*, respectively, indicate so.

- Historical Present: Actions that happened in the past with a present feeling.
    - *Cerca del año 500 cae el Imperio Romano.*
    - *En 1895 se construye el primer sistema de radio.*
    - *Se juegan por primera vez los Juegos Olímpicos en México en 1968.*

- Universal truths.
    - *La tierra gira alrededor del sol.*
    - *El agua es un elemento vital.*
    - *En agosto cumplo años.*

- Actions referring the future.
    - *El próximo martes tengo examen de aritmética.*
    - *En dos años termino de pagar mi carro.*
    - *La semana que viene tengo cita con el dentista.*

Past Indicative

Spanish: **Pasado**

It refers to:

- An action that happened in the past and it is now completely finished.
  - *Entre 1890 y 1895 hubo una batalla*
  - *El verano pasado viajaron por el norte de África.*
  - *Hace un momento fui al baño.*

- An action happened in the past indicating when exactly occurred.
  - *Ayer por la tarde visité a mi abuela.*
  - *Cristóbal Colón descubrió América en 1492.*
  - *Los Reyes de España visitaron el país vasco en noviembre.*

Future Indicative

Spanish: **Futuro**

- It refers to actions that haven't taken place, yet. However, they're likely to occur.
  - *El lunes iré a comer un helado.*
  - *Viviré en Cartagena por los siguientes dos años.*
  - *En 2 meses obtendré mi título de abogado.*

- Uncertain situations.
  - *Juan pesará unos 70 kilos.*
  - *Calculo que obtendré 90 de calificación en el examen de ciencias.*
  - *¿Se encontrará bien Laura después del accidente?*

- Obligation or mandate.
  - *Vendrán con migo aunque no quieran.*
  - *Desde este momento, prohibiré las salidas por la noche.*
  - *La maestra dijo que tendrás que hacer un trabajo extra.*

- It's common to use the verb *'ir'* as an auxiliary, to express that an action is going to occur in the future. The auxiliary verb *'ir'* may be in different conjugation forms, the verb accompanying it is written in present tense.
  - *El lunes voy a ir a comer un helado.*
  - *Sofía va a ir a traer el pastel.*
  - *Nosotros vamos a ir a cantar en el festival.*

Past Imperfect

Spanish: **Copretérito**

- It refers to two actions happening simultaneously.
  - _Limpiaba la casa cuando sonó el teléfono._
  - _Mientras cocinaba, tiré por accidentalmente el pastel de la mesa._
  - _Siempre que tomaba una ducha, escuchaba la radio._

- It also refers to actions that happen in the past routinely.
  - _En Navidad siempre bebíamos licor hasta que me enfermé._
  - _Cuando era niña me llevaban al zoológico todos los domingos._
  - _Siempre que comía mariscos me enfermaba, hasta que fui con un alergólogo._

Conditional Simple I

Spanish: **Pospretérito**

- It refers to a future statement based on a past or present fact.
  - _La verdad, si querría un vaso de agua._
  - _Si fueses más cuidadoso, no se te perderían todas tus cosas._
  - _Me darías la razón si estuvieras en mi lugar._

- Appreciation, interest or a fact about a past or future action.
  - _Con este descubrimiento ganarías un Premio Nobel._
  - _Eso me costaría la vida._
  - _Tu idea podría funcionar._

- Courtesy.
  - _¿Me prestarías tu reloj?_
  - _Me preguntaba si te gustaría colaborar con nosotros._
  - _¿Podrías pasarme la herramienta que está allá?_

Compound Forms

Compound forms use the auxiliary verb _estar_ in its different tenses.

For example:

Yo he caminado	_Yo hube caminado_	_Yo hubiese caminado_
Yo habría caminado	_Yo hubiera caminado_	_Yo hubiera ido a caminar . . ._

Present Perfect Simple

Spanish: **Antepresente**

- Refers to actions that happened recently.
  - *Últimamente, <u>han incrementado</u> los precios.*
  - *<u>He estado</u> lesionado desde hace 2 semanas.*
  - *El dólar <u>ha incrementado</u> en los últimos días.*

- Past actions that have an expiration date on the present.
  - *<u>He tenido</u> diabetes desde entonces.*
  - *El día de hoy se <u>ha vencido</u> mi pasaporte.*
  - *Desde ayer <u>he tenido</u> malestar estomacal.*

Past Perfect Simple

Spanish: **Antepretérito**

- It refers to an action that is over now, related to another in an ended past also.
  - *En cuanto <u>hubo terminado</u> el filme, salió sin despedirse.*
  - *Tan pronto como <u>hubo desempacado</u> su equipaje, se hechó a dormir.*
  - *Apenas <u>hubo oído</u> las campanadas, corrió hacia la capilla.*

Future Perfect

Spanish: **Antefuturo**

- It refers to an action that will happen in the future after another future action.
  - *Para mañana no <u>habrán resistido</u> la tentación de comerse la galleta.*
  - *Para entonces ya <u>habrás terminado</u>.*
  - *Cuando anochezca <u>habré bebido</u> demasiado alcohol.*

- When there´s doubt about an action that's taken place in the past.
  - *¿Me pregunto si se <u>habrá dado</u> cuenta de su error?*
  - *No estoy segura si los camarones se <u>habrán cocinado</u> para mañana.*
  - *¿<u>Habrá terminado</u> el espectáculo para entonces?*

Antecopretérito

Spanish: **Antecopretérito**

- Refers to an action in the past based on another past action.
  - *Para cuando se <u>inventó</u> la televisión, la radio ya se **<u>había inventado</u>**.*
  - *Al tiempo que yo <u>comenzaba</u> a utilizar pantalones, George Sand ya se **<u>había cansado</u>** de ellos.*
  - *Pensé que ya **<u>había pasado</u>** el desfile por mi casa.*

**To be explicit: In the first example, *'Para cuando se inventó la televisión, la radio ya se había inventado'*. First, the radio was invented, then the tv. We are talking, as a main topic, about the tv which happened after the radio—i.e., a past event after another past event.

Conditional Simple II

Spanish: **Antepospretérito**

- Refers to an action that didn't happen but it was highly likely to happen.
  - *Nicolasa se <u>hubiera perdido</u> de la película si no hubiese llegado a tiempo.*
  - *Todos <u>hubieramos perdido</u> el tren.*
  - *La naturaleza no <u>hubiera podido</u> hacerlo mejor.*

- Refers to a future action that will happen before another future action; both depending on a past action.
  - *Me dijeron que para cuando lloviera ya <u>habrían tenido</u> listos los paraguas.*
  - *Para cuando volviera, <u>habría cocinado</u> la cena.*
  - *Cuando el concierto <u>hubiera terminado</u> tú ya estarías aquí.*

- Expresses the consequence of an action, sometimes with a sense of doubt.
  - *<u>Habríamos llegado</u> a tiempo si no te hubieras tardado.*
  - *<u>Habrían sido</u> las 8 de la mañana cuando tembló en Santiago de Chile.*
  - *¿<u>Habría recibido</u> Antonio los regalos?*

The Subjunctive

It expresses the attitude a subject takes in respect to something or someone. It usually needs another verb which determines the meaning and feeling of the attitude referred to in the sentence. It's common to use the word *'que'* in subjunctive sentences; however, not all subjunctive statements involve the word *'que'* in them.

Subjuntive: Simple Tenses

Present Subjunctive

Spanish: **Presente Subjuntivo**

- To express a present or future action based on another one.
  - *Dudo que <u>lleguemos</u> a tiempo.*
  - *Cuando <u>tengamos</u> dinero, nos iremos a vacacionar.*
  - *No conviene que <u>esperes</u> a que llegue el chofer. Se va a demorar.*

- Within imperative sentences; first person in plural
  - *<u>Búsquemos</u> rápidamente.*
  - *<u>Tengamos</u> paciencia.*
  - *<u>Esperemos</u> aquí sentados.*

- Within imperative sentences; imperative negative sentences
  - *No <u>tengas</u> miedo.*
  - *No le <u>des</u> de comer a los animales.*
  - *No te <u>apresures</u>.*

- For doubt
  - *No sé si <u>tengan</u> agua.*
  - *Creo que <u>carecen</u> de respeto.*
  - *No estamos seguros de que <u>puedan</u> lograrlo.*

- Possibility
  - *Tal vez <u>llegue</u> pronto.*
  - *Pueda ser que <u>esté</u> enfermo.*
  - *Quizá me <u>traigan</u> un regalo.*

- Desire
  - *Ojalá <u>cambies</u> de parecer.*
  - *Espero <u>tener</u> dinero para Enero.*
  - *Desearíamos que <u>estuvieramos</u> delgadas.*

- Disjunctive statements
  - *<u>Oigas</u> lo que <u>oigas</u>, no prestes atención.*
  - *Lo lograré <u>sea</u> como <u>sea</u>.*
  - *Así te irás, <u>estés</u> preparado o no.*

Past Subjunctive

Spanish: **Pasado Subjuntivo**

- It refers to a further action to another occurred in the past.
  - *Me <u>pidieron</u> que <u>trajera</u> vino.*
  - *Carolina le pidió a su hermano que <u>trajera</u> comida.*
  - *Esteban no sabía que Lorena <u>tuviese</u> gripe.*

- Indicates condition.
  - *Si <u>fueras</u> cortés, no <u>tuvieses</u> estos problemas.*
  - *<u>Fuese</u> más efectiva, si mi trabajo <u>estuviese</u> mejor organizado.*
  - *Si <u>pensara</u> que no puedes, ya <u>estuvieras</u> fuera del equipo.*

Verbs in past subjunctive has two different endings in Spanish. Both acceptable and valid. Verbs can end with -ra** or -**se**.
  - *tuviera – tuviese*
  - *quisiera – quisiese*
  - *caminara – caminase*

Difference between **Past Indicative** and **Past Subjuntive**.

Indicative: *Se cree que Rómulo **fundó** Roma.*
Subjuntive: *No se sabe si ni se tiene por auténtico que Rómulo **fundara/fundase** Roma.*

Indicative: *Yo **tuve** un gatito.*
Subjuntive: *No sabía que **tuvieras/tuvieses** un gatito.*

Future Subjunctive

Spanish: **Futuro Subjuntivo**

- The Future Subjunctive refers to an upcoming action; hypothetical, or it can be a future action based on another. It is commonly used in popular expressions and phrases as well as in literary texts.
    - *Si _creyeres_ que Jesús ha resucitado . . .*
    - *A donde _fueres_ haz lo que _vieres_.*
    - *Si _tuvieres_ que esperar una eternidad para ver a tu amada ¿Lo harías?*

Subjunctive: Compound Tenses

Present Perfect

Spanish: **Presente Perfecto**

- It refers to a past action before another.
    - *No creo que _haya aprobado_ el examen.*
    - *El que yo _haya ido_ a cenar tacos hoy, no significa que engordaré.*
    - *Que Ramona _haya perjudicado_ a tantas personas no es tu culpa.*

- It also refers to the desire and probability that something happened.
    - *Es probable que _haya dormido_ más de lo normal.*
    - *Quizá _haya soñado_ que te llamaba por el teléfono.*
    - *Tal vez Mariano _haya llegado_ antes que nosotros.*

Past Perfect

Spanish: **Pasado Perfecto**

- It refers to a past action based on another past action.
    - *Lamento que _hayas tenido_ que hacer el trabajo dos veces.*
    - *No creo que yo _hubiera podido_ llegar a tiempo.*
    - *Raúl _hubiese ayudado_ a la comunidad.*

- It refers to what the subject wishes to happen, which aren't possible anymore.
    - *¡Quién lo _hubiera imaginado_!*
    - *Si _hubiera llegado_ a tiempo, _hubiera alcanzado_ pastel.*
    - *Gabriela _hubiese sido_ saludable, si se _hubiese alimentado_ correctamente.*

Future Perfect

Spanish: **Futuro Perfecto**

- It refers to a hypothetical action. It is hardly ever used in spoken Spanish. However, you can find it on classic literature.
    - *Si para el lunes _hubieres terminado_ el trabajo, ya no tendrías que venir mañana domingo.*
    - *Serás acreedor a un auto nuevo, si para octubres _hubieres recabado_ dinero.*
    - *Si para fin de año Juan Pablo _hubiere asistido_ a la escuela, tendrá un gran futuro.*

Active & Passive Voice

Spanish: **Voz Activa y Voz Pasiva**

We've seen there are different word categories in grammar; mode, tense, number and subject. However, there's another one known as **voice**.

The **voice** is the form the verb takes according to who is performing the action and who is receiving it. Therefore, there are two different **verb voices**: *Active Voice & Passive Voice*.

Active Voice: Refers to the subject who's 'doing' the action.
Passive Voice: Refers to the subject who's 'receiving' the action.

Examples:

Active Voice: El **panadero** hornea el *pan*.
Passive Voice: El **pan** es horneado por el *panadero*.
Translation:
*Active Voice: The **baker** bakes the bread.*
*Passive Voice: The **bread** is baked by the baker*

We have 2 subjects: '*panadero*' and '*pan*'. When we speak in active voice the first subject executes the second one. On the other hand, whenever we speak in passive voice, it is emphasized the second subject being executed by the first one.

The use of one or the other is determined by what is to be emphasized. ***Passive Voice*** is commonly used during political speeches or whenever we want to be more specific.

For example, if we say:
Ellos están recaudando fondos.
They are raising funds.

We know this is a sentence in ***Active Voice***.
The pronoun '*ellos*' is executing the action of '*recaudar*'. At the same time, the noun '*fondos*' is receiving it.

However, the pronoun '*ellos*' is vague; too general.
We don't know exactly who '*ellos*' are.
Henceforth, ***Passive Voice*** must be used instead.

This would be a better way of expressing such idea:
Los fondos están siendo recaudados.
Funds are being raised.

Since the noun '*funds*' is the main idea of the sentence, now using ***Passive Voice*** that is emphasized.
Although, if the pronoun '*ellos*' is relevant and must be indicated within the sentence, we can always use de prepositions '*por*' or '*de*' to introduce it.

'Los fondos están siendo recaudados por ellos'.

Notice how the verb changes to a perfect form when is converted into a passive statement. In Spanish all perfect tenses have the following endings: *-ado, -edo, -ido, -to, -so, -cho.*

E.g; *estado, almorzado, teñido, deshecho, impreso, puesto . . .*

Another example:

Cristóbal Colón descubrió América.

Cristopher Columbus discovered America.

This is **Active Voice**, we know both nouns: *'Cristobal Colón'* and *'América'* are relevant and well known. However, if we find ourselves in need of changing into a **Passive Voice** statement emphasizing the noun *'América'*, this would be the correct sentence:

América fué descubierta por Cristóbal Colón.

America was discovered by Cristopher Columbus.

As mentioned:

- The preposition *'por'* is being used to introduce the 'doer' of the action.
- The verb is in a perfect tense.

The examples above were an explanation related to the **Active & Passive Voices** you are accustomed to using in English. Here are some important points to take into account:

1. **Active Voice** is the colloquial and natural way of speaking.

2. There are 2 ways of expressing **Passive Voice** in Spanish:

   a) The first form for expressing a passive statement consists on setting the verb **ser** before the verb in **participle**.

   The verb **ser** must go along with the conjugation meant: present, past, future (on all its different modes), 1st, 2nd and 3rd in both plural and singular.

   Example:

   <u>**SER + VERB IN PARTICIPLE**</u>
   Yo **soy** *conoc**ido** = present*
   Tú **eras** *conoc**ido** = past imperfect*
   Ella **fue** *conoc**ida** = past perfect simple*
   Nosotros **seremos** *conoc**idos** = Future*
   Armando y Carolina **serían** *conoc**idos** = Conditional*

   It just applies only for **transitive verbs** not for **intransitive verbs**.
   **for more information about transitive and intransitive verbs look at the 'verbs' section.

   Therefore, the following sentence: *'Ellos ríen'* doesn't exist in a **Passive Voice**, since the verb *'reir'* is **intransitive**.

   At the same time, it is not possible to make a **Passive Voice** version from a sentence without a **direct object**: This means a sentence with one noun.

For example:

'El campesino siembra'.

There's just one noun/subject: '*campesino*'

We just have a *doer*, we don't have a *receiver = direct object*.

Therefore, we cannot build a passive voice from this sentence.

However, if we had a *receiver/direct object* that would be possible:

Active Voice: '*El <u>campesino</u> siembra <u>flores</u>*'

Passive Voice: '*Las <u>flores</u> son sembradas <u>por</u> el <u>campesino</u>*'

b) The second form for expressing a passive statement consists in interpreting the sentence as a third person adding the particle **'se'**.

Example:

Active Voice: *Los campesinos siegan el trigo.*

Passive Voice: *<u>Se siega</u> el trigo por los campesinos.*

Active Voice: *El campesino siembra*

Passive Voice: *<u>Se siembra</u>* (por el campesino).

There are two types of verbs that can't be expressed in **Passive Voice.

These are: **impersonal verbs** and **pronominal verbs** (see verbs section for more information about verbs).

- It is completely unacceptable to say or write: *se llueve, se graniza . . .* (impersonal verbs)
- It is completely unacceptable to say or write: *se se ausenta, se se arrepiente . . .* (pronominal verbs).
- However is possible to say: **uno** *se arrepiente,* **uno** *se ausenta . . .*

Non-Personal Verb Forms

Spanish: **Formas No Personales del Verbo**

The non-personal verb forms are: **Infinitive, Gerund** and **Participle**. They do not appear with any variation nor indicate person, mode or time, since they are in a base form with no conjugation.

The Infinitive

Spanish: **El Infinitivo**

The **Infinitive** form is the base form for all verbs.
Depending on their ending, their classified within 3 categories:

First Conjugation	Second Conjugation	Third Conjugation
-ar	**-er**	**-ir**
cantar	*querer*	*salir*
amar	*tener*	*dormir*
caminar	*correr*	*sentir*

The **Infinitive** form, besides being a verb, can function as a noun. Sometimes can be accompanied by an article and adjectives.

Example:

Cazar animales en extinción es un delito.

El cantar ha sido una forma de arte durante siglos.

The **Infinitive** can be found in both simple and compound forms:

SIMPLE	COMPOUND
amar	haber amado
tener	haber tenido
sentar	haber sentado

The Gerund

Spanish: **El Gerundio**

This is a non-personal form of a verb which expresses an action continuously in progress.
Verbs end with ***-ando, -iendo, -yendo***.

Examples: *caminando, comiendo, leyendo . . .*

The **Gerund** can work as an adverb as well.

Examples: *Mariano habla haciendo gestos, El niño llegó llorando.*

The **Gerund** can be found in both simple and compound forms:

SIMPLE	COMPOUND
amando	habiendo amado
teniendo	habiendo tenido
sentando	habiendo sentado

We use this non-personal verb form whenever we refer to a simultaneous action or an action before another.

** The **Gerund** never refers to an action after another.

Examples:

Mirando hacia el cielo veo a las aves.
Habiendo limpiado mi casa, me dispuse a descansar.
Esos niños viven viajando por todo el mundo.

The Participle

Spanish: **Participio**

This non-personal form of the verb express an action already performed.

Regular endings: ***-ado, -edo, -ido***.
Irregular endings: ***-to, -so, -cho***.

Examples: *interesado, entendido, entrenado, deshecho, escrito, dicho, concluido . . .*

The **Participle** in Spanish can function as an adverb, as well.

Examples:

Trabajaba concentrado
Persona interesada
Caballo entrenado

There are some verbs that work as a verb in participle whenever they end with a regular ending (*-ado, -edo, -ido*) and work as an adjective whenever they end with an irregular ending (*-to, -so, -cho*).

Examples:

Verb in Participle Form	Verb Functioning as an Adjective
*Has **freído** los plátanos.*	*Los plátanos se comen **fritos**.*
*Ella fue **elegida** por la mayoría como Presidenta.*	*Ella es la nueva Presidenta **electa**.*
*Jesús ha **imprimido** su nombre en la etiqueta.*	*Las etiquetas **impresas** en blanco y negro se extraviaron.*

Not all verbs can work as a participle form and as an adjective.
Just some verbs do:

extendido	extenso	suspendido	suspenso
imprimido	impreso	expresado	expreso
bendecido	bendito	recluido	recluso
extinguido	extinto	concluido	concluso
convertido	converso	despertado	despierto

Conjugation of *Estar*

INDICATIVE					
Simple Form					
PRONOUN	PRESENT	PAST	FUTURE	PAST IMPERFECT	CONDITIONAL SIMPLE I
yo	*estoy*	*estuve*	*estaré*	*estaba*	*estaría*
tú	*estás*	*estuviste*	*estarás*	*estabas*	*estarías*
él	*está*	*estuvo*	*estará*	*estaba*	*estaría*
ella	*está*	*estuvo*	*estará*	*estaba*	*estaría*
nosotros	*estamos*	*estuvimos*	*estaremos*	*estábamos*	*estaríamos*
nosotras	*estamos*	*estuvimos*	*estaermos*	*estábamos*	*estaríamos*
vosotros	*estáis*	*estuvisteis*	*estaréis*	*estabais*	*estaríais*
vosotras	*estáis*	*estuvisteis*	*estaréis*	*estabais*	*estaríais*
usted	*está*	*estuvo*	*estará*	*estaba*	*estaría*
ustedes	*están*	*estuvieron*	*estarán*	*estaban*	*estarían*
ellos	*están*	*estuvieron*	*estarán*	*estaban*	*estarían*
ellas	*están*	*estuvieron*	*estarán*	*estaban*	*estarían*

Compound Form					
PRONOUN	PRESENT PERFECT	*ANTECOPRETÉRITO*	PAST PERFECT	FUTURE PERFECT	CONDITIONAL SIMPLE II
yo	*he estado*	*había estado*	*hube estado*	*habré estado*	*habría estado*
tú	*has estado*	*habías estado*	*hubiste estado*	*habrás estado*	*habrías estado*
él	*ha estado*	*había estado*	*hubo estado*	*habrá estado*	*habría estado*
ella	*ha estado*	*había estado*	*hubo estado*	*habrá estado*	*habría estado*
nosotros	*hemos estado*	*habíamos estado*	*hubimos estado*	*habremos estado*	*habríamos estado*
nosotras	*hemos estado*	*habíamos estado*	*hubimos estado*	*habremos estado*	*habríamos estado*
vosotros	*habéis estado*	*habíais estado*	*hubisteis estado*	*habréis estado*	*habríais estado*
vosotras	*habéis estado*	*habíais estado*	*hubisteis estado*	*habréis estado*	*habríais estaod*
usted	*ha estado*	*había estado*	*hubo estado*	*habrá estado*	*habría estado*
ustedes	*han estado*	*habían estado*	*hubieron estado*	*habrán estado*	*habrían estado*
ellos	*han estado*	*habían estado*	*hubieron estado*	*habrán estado*	*habrían estado*
ellas	*han estado*	*habían estado*	*hubieron estado*	*habrán estado*	*habrían estado*

SUBJUNCTIVE			
Simple Form			
PRONOUN	PRESENT	PAST	FUTURE
yo	*esté*	*estuviera/estuviese*	*estuviere*
tú	*estés*	*estuvieras / estuviese*	*estuvieres*
él	*esté*	*estuviera/estuviese*	*estuviere*
ella	*esté*	*estuviera/estuviese*	*estuviere*
nosotros	*estemos*	*estuviéramos/estuviésemos*	*estuviéremos*
nosotras	*estemos*	*estuviéramos/estuviésemos*	*estuviéremos*
vosotros	*estéis*	*estuvierais/estuvieseis*	*estuviereis*
vosotras	*estéis*	*estuvierais/estuvieseis*	*estuviereis*
usted	*esté*	*estuviera/estuviese*	*estuviere*
ustedes	*estén*	*estuvieran/estuviesen*	*estuvieran*
ellos	*estén*	*estuvieran/estuviesen*	*estuvieran*
ellas	*estén*	*estuvieran/estuviesen*	*Estuvieran*

Compound Form			
PRONOUN	PRESENT PERFECT	*ANTECOPRETÉRITO*	FUTURE PERFECT
Yo	*Haya estado*	*Hubiera/hubiese estado*	*Hubiere estado*
Tú	*Hayas estado*	*Hubieras/hubieses estado*	*Hubieres estado*
Él	*Haya estado*	*Hubiera/hubiese estado*	*Hubiere estado*
Ella	*Haya estado*	*Hubiera/hubiese estado*	*Hubiere estado*
Nosotros	*Hayamos estado*	*Hubiéramos/hubiésemos estado*	*Hubiéremos estado*
Nosotras	*Hayamos estado*	*Hubiéramos/hubiésemos estado*	*Hubiéremos estado*
Vosotros	*Hayáis estado*	*Hubierais/hubieseis estado*	*Hubiereis estado*
Vosotras	*Hayáis estado*	*Hubierais/hubieseis estado*	*Hubiereis estado*
usted	*Haya estado*	*Hubiera/hubiese estado*	*Hubiere estado*
Ustedes	*Hayan estado*	*Hubieran/hubiesen estado*	*Hubieren estado*
Ellos	*Hayan estado*	*Hubieran/hubiesen estado*	*Hubieren estado*
ellas	*Hayan estado*	*Hubieran/hubiesen estado*	*Hubieren estado*

IMPERATIVE	
Pronoun	Present
Tú	*está*
Usted	*esté*
Vosotros	*estad*
Vosotras	*estad*
ustedes	*estén*

Time

In Spanish: **Tiempo**

DAYS OF THE WEEK	
Días de la Semana	
lunes	monday
martes	tuesday
miércoles	wednesday
jueves	thursday
viernes	friday
sábado	saturday
domingo	sunday

MONTHS OF THE YEAR	
Meses del Año	
January	*Enero*
February	*Febrero*
March	*Marzo*
April	*Abril*
May	*Mayo*
June	*Junio*
July	*Julio*
August	*Agosto*
September	*Septiembre*
October	*Octubre*
November	*Noviembre*
December	*Diciembre*

SEASONS OF THE YEAR	
Estaciones del Año	
Primavera	Spring
Verano	Summer
Otoño	Fall/autumn
invierno	winter

OTHER TIME EXPRESSIONS	
hoy	today
ayer	yesterday
mañana	tomorrow
anoche	last night
antenoche	the night before last
por la mañana	in the morning
de la mañana	in the morning
en la mañana	in the morning
por la tarde	in the afternoon
de la tarde	in the afternoon
en la tarde	in the afternoon
por la noche	in the evening/night
de la noche	in the evening/night
la mañana	morning
el mañana	morrow, future
mañana por la mañana	tomorrow morning
pasado mañana	the day after tomorrow
el lunes que viene	next monday
la semana que viene	next week
el año que viene	next year
el lunes pasado	last monday
la semana pasada	last week
el año pasado	last year
al mediodía	at noon
a la medianoche	at midnight
alrededor de	around
durante el día	during the day
de día	days
de noche	nights
tarde	late
temprano	early
en punto	exactly, o'clock
a tiempo	on time

- In Spanish the word **time** refers to both time and weather.
- The verb **ser** expresses the time we are referring to.
- When we refer to one o'clock, we use **es**; *es la una en punto.*
- When we refer to all other hours we use **son**; *son las tres de la tarde.*
- Since the word '*hora*' is feminine, the feminine article '*la*' is used as well; '*son las siete y media*' . . .
- Minutes:
  - Are added using the word '*y*'; '*Son las doce y quince*'.
  - Can be added using the word '*menos*'; '*son las cinco menos veinte*'.
  - Can be added using the words '*media*' and '*cuarto*'; *son las nueve y media*', '*a las tres y cuarto nos vamos*'.
- Whenever we refer to a.m. or p.m. we use the expressions '*de la mañana*', '*de la tarde*' and '*de la noche*'; '*son las cinco de la mañana y no he dormido nada*' . . .

SECTION III:
Sample Tests

Sample Test One

Part A

Time: Approximately 40 minutes

THE DIRECTIONS FOR EACH PART IN THIS BOOKLET ARE PRESENTED IN ENGLISH AND IN SPANISH. CHOOSE THE ONE LANGUAGE WITH WHICH YOU ARE THE MOST COMFORTABLE, AND DO NOT WASTE TIME BY READING BOTH.

Directions: You will now listen to several selections. After each one, you will be asked some questions about what you have just heard. Select the BEST answer to each question from among the four choices printed in your test booklet and then place the letter of your choice in the corresponding box on the student answer sheet.

Instrucciones: Ahora vas a escuchar varias selecciones. Después de cada una se te harán varias preguntas sobre lo que acabas de escuchar. Para cada pregunta elige la MEJOR respuesta de las cuatro opciones escritas en tu libreta de examen y escribe la letra de la opción seleccionada en el cuadro correspondiente de la hoja de respuestas del estudiante.

SELECTION 1

1. (A) Voy de vacaciones en Diciembre
   (B) Comencé la universidad hace una semana
   (C) Me fui para la casa
   (D) Debo estudiar para un examen que tendré mañana

2. (A) Mi madre vive en una casa
   (B) Adivina! en un edificio
   (C) Mi hermana vive en un apartamento
   (D) La universidad es muy grande

3. (A) Perú
   (B) Colombiano
   (C) Argentina
   (D) Brasilia

4. (A) Mi padre toca la batería
   (B) Toco la puerta de mi casa
   (C) Guitarra y además canto
   (D) Mi hija está estudiando piano

SELECTION 2

5. (A) Porque los niños están comiendo pollo
   (B) Porque ellos comen papas fritas
   (C) Porque están enfermos de tanto comer
   (D) Porque estuvieron jugando con sus amigos

6. (A) ¿Te incrementarán el sueldo en tu actual compañía?
   (B) ¿Recibirás el ascenso en pocos días?
   (C) ¿Te pagarán más dinero?
   (D) Serás un desempleado más

7. (A) Debes preguntar primero a un vecino
   (B) ¿Eres un extranjero?
   (C) Debes cruzar el puente y luego girar hacia la derecha
   (D) Tardarás un poco en llegar porque es bastante lejos

8. (A) Fui con mis amigos
   (B) Va a estar genial
   (C) Fue una experiencia inolvidable
   (D) Será muy Bueno

9. (A) Fue una experiencia inolvidable
   (B) El verano pasado
   (C) Fui con mi hermana
   (D) Cartagena es Fantástica

SELECTION 3

10. (A) Porque se le pincho una llanta
(B) Porque come mucha comida chatarra
(C) Porque vive muy cerca al trabajo
(D) Porque conduce muy rápido

11. (A) Tu hermana
(B) Tu suegra
(C) Tu prima
(D) Tu abuela

12. (A) Al restaurante
(B) A la cabaña de mi tío
(C) A dormir
(D) A comer

13. (A) Está lloviendo
(B) Tiene calor
(C) No tiene dinero
(D) En clase de Química

SELECTION 4

14. (A) Quiso ser músico
(B) Quería ser Ingeniero
(C) Quiere ser un Astronauta
(D) Fue medico

15. (A) La señora Laura
(B) La profesora de Francia
(C) El señor Felipe
(D) La directora de la escuela

16. (A) Una vez al año
(B) A las ocho horas
(C) Un cuarto de hora
(D) Un día

17. (A) Fui a nadar y a montar bicicleta
(B) Estoy en el bar con mis amigos
(C) Haré ejercicio en el gimnasio
(D) Rento dos películas de comedia

18. (A) Prefiero unos frijoles
(B) Un pastel
(C) Quiero pollo
(D) Quiero espagueti

Directions: You will now listen to a selection of about five minutes duration. First you will have two minutes to read the questions silently. Then you will hear the selection. You may take notes in the blank space provided as you listen. You will not be graded on these notes. At the end of the selection, you will answer a number of questions about what you have heard. Based on the information provided in the selection, select the BEST answer for each question from among the four choices printed in your test booklet and then place the letter of your choice in the corresponding box on the student answer sheet.

Instrucciones: Ahora escucharás una selección de unos cinco minutos de duración. Primero tendrás dos minutos para leer las preguntas en silencio. Después escucharás la selección. Se te permite tomar apuntes en el espacio en blanco de esta hoja mientras escuches. Estos apuntes no serán calificados. Al final de la selección, responderás a una serie de preguntas acerca de lo que acabas de escuchar. Basándote en la información que se da en la selección, elige la MEJOR respuesta de las cuatro opciones escritas en tu libreta de examen y escribe la letra de la opción seleccionada en el cuadro correspondiente de la hoja de respuestas del estudiante.

Write your notes on this page.

19. **¿Cuál es el nombre de la reportera de la cadena de televisión que transmite el programa?**
    (A) Lía
    (B) día
    (C) Mía
    (D) Nía

20. **¿Cómo se llama el canal por el cual la reportera está emitiendo la noticia?**
    (A) Caribe
    (B) tele Caribe
    (C) tele
    (D) televisiva

21. **¿Cómo se llama el entrevistado?**
    (A) Jok
    (B) John
    (C) Jol
    (D) Joe

22. **¿Dónde realizan los conciertos?**
    (A) En la plaza principal
    (B) En la plaza de Bolívar
    (C) En la catedral
    (D) En la plaza

23. **Las tunas acompañan a las reinas en:**
    (A) En los conciertos
    (B) En los desfiles
    (C) En las exposiciones
    (D) En las visitas a otros eventos

24. **¿Cuál es el evento más especial para John?**
    (A) Las artesanías
    (B) La exposición artesanal
    (C) El clima
    (D) Los conciertos

25. **¿Cuántos días dura la feria de Manizales?**
    (A) 11 días
    (B) 12 días
    (C) 10 días
    (D) 8 días

26. **Para el entrevistado ¿Qué es la feria de Manizales?**
    (A) Es un atractivo turístico donde las familias y amigos se reúnen
    (B) Es una ciudad Hermosa
    (C) Es un plan diferente donde compartes con familia y amigos
    (D) Es una feria muy alegre

Directions: You will now listen to another selection of about five minutes duration. First you will have two minutes to read the questions silently. Then you will hear the selection. You may take notes in the blank space provided as you listen. You will not be graded on these notes. At the end of the selection, you will answer a number of questions about what you have heard. Based on the information provided in the selection, select the BEST answer for each question from among the four choices printed in your test booklet and then place the letter of your choice in the corresponding box on the student answer sheet.

Instrucciones: Ahora escucharás otra selección de unos 5 minutos de duración. Primero tendrás 2 minutos para leer las preguntas en silencio. Después escucharás la selección. Se te permite tomar apuntes en el espacio en blanco de esta hoja mientras escuches. Estos apuntes no serán calificados. Al final de la selección, responderás a una serie de preguntas acerca de lo que acabas de escuchar. Basándote en la información que se da en la selección elige la MEJOR respuesta de las cuatro opciones escritas en tu libreta de examen y escribe la letra de la opción seleccionada en el cuadro correspondiente de la hoja de respuestas del estudiante.

Write your notes on this page.

27. **¿A qué se refiere la periodista cuando dice "no se despeguen de sus televisores"?**

(A) Se está refiriendo a los televidentes que no se pierden el programa

(B) Se refiere a que sigan en sintonía con el programa

(C) Hace referencia a las personas que apenas empezaron a ver el programa

(D) Se refiere a que cuando vean el programa usen gafas

28. **¿Desde cuándo existe la feria de Manizales?**

(A) Desde 1954

(B) Hace 61 años

(C) Desde el siglo XIX

(D) Hace 5 décadas

29. **¿Quién fue el primer dirigente de esta feria?**

(A) Oscar Hoyos Botero

(B) José María Gómez

(C) Mariela López

(D) Mario Vélez

30. **¿Cuáles han sido las causas principales por las cuales han suspendido esta feria?**

(A) La erupción del volcán nevado del Ruiz

(B) Los desastres naturales

(C) El terremoto de armero

(D) Por los malos comportamientos de los turistas

31. **¿Quiénes son los merecedores del cordón de la feria?**

(A) Las empresas privadas porque son las que más recursos aportan para cada evento

(B) Cualquier persona que asista a la feria

(C) Todo aquel que logra que la feria gane prestigio tanto a nivel nacional e internacional

(D) Las autoridades principales de toda la región

32. **¿Cuál es el himno de la feria?**

(A) La feria de Manizales

(B) El pasodoble

(C) La feria y el pasodoble

(D) Mi Manizales del alma

33. **¿Cuál es el nombre actual del reinado?**

(A) Reinado del café

(B) Reinado Nacional del café

(C) Reinado Continental del café

(D) Reinado internacional del café

34. **¿Cada cuánto se realiza este reinado?**

(A) Cada 2 años

(B) Cada vez que hay producción de café

(C) Cada año

(D) Cada vez que haya patrocinio por parte de los productores

Part B — Reading

Time: Approximately 50 minutes

Directions: You will read several selections. Each selection is accompanied by a number of questions. For each question, choose the response that is best according to the selection and mark your answer on your answer sheet.

Instrucciones: Vas a leer varios textos. Cada texto va acompañado de varias preguntas. Para cada pregunta, elige la mejor respuesta según el texto e indícala en la hoja de respuestas.

Julia Morgan
20 de enero de 2016
por Alejandro Hernández Gálvez | @otrootroblog

₁Un letrero: *no trespassing*. Una reja. Entre la bruma se ve a la distancia una colina que poco a poco se revela como una fortaleza con torres y cúpulas. Un par de monos y luego un par de góndolas venecianas y el reflejo de la fortaleza en el agua. Un puente. Una banca. Señales. Una única ventana iluminada lo lejos a la que nos acercamos. La luz se apaga. Ahora desde adentro vemos la misma ventana. Amanece. Está nevando, pero la ₅nieve cae dentro de una esfera de vidrio que sostiene una mano. Unos labios y un bigote canoso. *Rosebud*. La mano suelta la esfera de vidrio que cae al suelo y rueda dos escalones hasta romperse. Entra una enfermera para darse cuenta de que Charles Foster Kane acaba de morir.

Así empieza *Citizen Kane*, la película de Orson Welles que para muchos críticos es la mejor de la historia. El personaje de Charles Foster Kane está basado en buena parte en William Randolph Hearst, el magnate dueño de periódicos. Si ₁₀Kane vivía en Xanadu, su inmenso y excéntrico castillo en Florida, Hearst vivió en *La Cuesta Encantada*, una propiedad en San Simeon, California, a medio camino entre Los Angeles y San Francisco. Hearst heredó los más de mil kilómetros cuadrados de terreno de su madre, Phoebe Hearst. También heredó de su madre al arquitecto o, más bien, arquitecta: Julia Morgan.

Julia Morgan nació el 20 de enero de 1872 en San Francisco, California. Su padre, Charles Morgan, había viajado al ₁₅oeste en 1867, como muchos, a buscar fortuna en las minas de oro. No tuvo suerte—a diferencia del padre de Hearst, que llegó a California en 1850 y logró hacer una fortuna considerable. En lo que sí tuvo suerte Charles Morgan fue al casarse con Eliza Parmelee, hija de un millonario de la costa este. Los Morgan tuvieron cinco hijos y, contrario a las costumbre de la época, decidieron procurar una buena educación para todos, mujeres incluidas. En la escuela, Julia destacó en matemáticas y en física. Durante algunas vacaciones, Julia visitaba a una prima suya que vivía en Nueva ₂₀York y estaba casada con Pierre LeBrun, arquitecto, hijo del también arquitecto Napoleon LeBrun. Por Pierre, Julia empezó a interesarse en la arquitectura.

En 1890, Julia Morgan fue una de las pocas mujeres en entrar a estudiar en la Universidad de California en Berkeley, donde no se enseñaba arquitectura. En 1894, Julia fue la primera mujer que se recibió como ingeniera en esa universidad. Su profesor de dibujo y geometría fue Bernard Maybeck, convenció a Julia de ir a estudiar a París. El ₂₅problema era que la *Ecole des Beaux Arts* sólo admitía a treinta de los casi 400 que lo intentaban cada vez y limitaba el número de alumnos extranjeros. Algo más: no admitía mujeres. En 1897, Julia Morgan quedó en el lugar número 42 y no fue admitida. A los seis meses volvió a intentarlo, sin éxito. Otros seis meses y otro intento. Quedó en el lugar 13 y se convirtió así en la primera mujer en entrar a estudiar a *Beaux Arts*. En dos años terminó todos los cursos y recibió su diploma. De vuelta a California entró a trabajar con John Galen Howard, un arquitecto que había estudiado ₃₀primero en el MIT y luego en *Beaux Arts*, antes de regresar a los Estados Unidos a trabajar para H.H.Richardson y, finalmente, abrir su oficina en California, donde trabajó en varios proyectos para Phoebe Hearst. Fue así que Phoebe conoció a Julia y le pidió a Howard que ésta se hiciera cargo de sus proyectos.

En 1904 Julia obtuvo la licencia para ejercer como arquitecta en el estado de California — también fue la primera mujer en lograrlo. En 1906, el incendio que siguió al terremoto de San Francisco destruyó toda su oficina, incluyendo ₃₅su archivo. Pero algunos edificios que ella había construido usando concreto armado se mantuvieron en pie. La gente empezó a hablar más de la arquitecta Morgan. Le encargaron renovar el interior del Hotel Fairmont, que reabrió el 18 de abril de 1907, al año exacto del terremoto. En 1919 murió Phoebe Hearst y su hijo contrató a Julia Morgan para construir un *bungalow* en la colina que le había heredado. El proyecto fue creciendo y entre 1919 y 1938 la arquitecta viajó cada fin de semana de San Francisco a San Simeon para supervisar el diseño y la construcción de lo que sería ₄₀el *Castillo Hearst*, con sus 56 habitaciones y 61 baños. Al final serían más de ocho mil metros cuadrados de construcción.

Lewis dice que Morgan "nunca iba a reuniones sociales ni buscaba llamar la atención sobre sí misma, no participaba en concursos, no escribía artículos ni dictaba conferencias y no escribió ningún tipo de memoria," pero durante ₄₅toda su carrera diseñó más de 700 edificios. También cuenta que decía "nunca rechaces un trabajo porque pienses que es demasiado pequeño, no sabes hasta dónde puede llegar." Un bungalow puede terminar siendo un palacio de cincuenta y seis habitaciones.

Rosebud.

Fuente: Hernández, Alejandro. Julia Morgan. *Arquine* (en línea).
20 de enero de 2016, No. 74. (fecha de consulta: 21 de enero de 2016).
Disponible en: http://www.arquine.com/julia-morgan/

35. **¿De qué trata la lectura?**

(A) Artículo Científico

(B) Sinopsis de una película

(C) Texto Bibliográfico

(D) Crítica al urbanismo

36. **¿Qué relación tiene el primer párrafo con el resto del texto?**

(A) Es un recurso literario, como una manera no convencional de utilizar las palabras para darle explicación al tema principal de la lectura.

(B) Introduce al sujeto principal del texto, vinculándolo con el personaje de una película.

(C) No tiene relación con el resto del texto.

(D) Nos da una pista para adivinar el desenlace de la historia.

37. **¿A qué se dedica el sujeto principal de la lectura?**

(A) Actor de cine

(B) Ingeniero por la Universidad de Berkeley

(C) Minera

(D) Arquitecto

38. **¿En qué Universidad estudió el sujeto principal de la lectura?**

(A) École de Beux Arts

(B) MIT y École de Beux Arts

(C) Universidad de California en Berkeley

(D) A y C

39. **¿Qué se infiere, en el último párrafo, sobre la forma de ser(el carácter) del personaje principal de la lectura?**

(A) El personaje muestra timidez

(B) El personaje es trabajador

(C) El personaje fue exitoso

(D) El personaje mostraba humildad

40. **¿Con qué frase se relaciona la forma de ser(el carácter) del personaje principal, descrito en el último párrafo de la lectura?**

(A) *"Trabaja duro en silencio y deja que tu éxito haga todo el ruido"* .– Mery Bracho

(B) *"Es mejor ser rey de tu silencio que esclavo de tus palabras"* – William Shakespeare

(C) *"Hay personas silenciosas que son mucho más interesantes que los mejores oradores".* – Benjamin Disraeli

(D) *"El silencio es el único amigo que jamás traiciona"* .– Confucio

41. **¿Por qué se volvió famosa la Arquitecta Morgan?**

(A) Por utilizar concreto armado en sus edificios.

(B) Por ser la primera mujer en conseguir una licencia para construir.

(C) Por ser hija de un millonario

(D) Por ser la primera mujer en obtener un grado en ingeniería por la Universidad de Berkeley.

42. **¿A qué se refiere la línea *"Contrario a la costumbre de la época"*? En el tercer párrafo.**

(A) La familia Morgan no seguían las costumbres californianas.

(B) El señor y la señora Morgan otorgaron educación a todos sus hijos.

(C) Julia Morgan no vestía faldas largas.

(D) La familia Morgan había viajado al oeste en vez de al este, como todas las demás familias.

43. ¿Cuál es la ironía en la vida de Julia Morgan, señalada al final del texto, misma que corrobora su humildad?

(A) El que sus padres no hubiesen encontrado oro en las minas de california pero un tesoro invaluable en las habilidades y destrezas de sus hijos e hijas.

(B) El que su abuelo no hubiese encontrado oro y el magnate dueño de periódicos, Hearst; si.

(C) El que la idea de un bungalow se hubiese convertido en un castillo con 56 habitaciones y que Julia Morgan, desde un inicio, estuviese dispuesta a llevar a cabo la construcción, aún y cuando era un proyecto sencillo.

(D) Julia Morgan no dejó registro de su trabajo plasmado sobre papel sino sobre concreto, al no haber libros, ni entrevistas, ni artículos sobre esta pionera, pero alrededor de 700 edificios diseñados por ella.

44. De las siguientes afirmaciones cuál es correcta:

(A) Morgan fue de las primeras mujeres en entrar a la escuela de Berkeley en donde enseñaban Arquitectura.

(B) Morgan fue la primera mujer en recibirse como Ingeniera en la Universidad de Berkeley.

(C) Morgan se dedicaba a la construcción de palacios.

(D) Morgan entró a la escuela de California.

Cuando los marcianos no hablan

₁Uno de los desafíos más grandes para los hombres es interpretar correctamente y apoyar a una mujer cuando habla de sus sentimientos. El mayor desafío para las mujeres es interpretar correctamente y apoyar a un hombre cuando no habla. El silencio resulta muy fácilmente malinterpretado por las mujeres. Hombres y mujeres piensan y procesan información en forma muy diferente. Las mujeres piensan en voz alta ₅compartiendo su proceso de descubrimiento interior con un oyente interesado. Aún hoy, una mujer a menudo descubre qué quiere decir a través del simple proceso verbal. Este proceso de dejar simplemente que los pensamientos fluyan en libertad y expresarlos en voz alta, la ayuda a obtener provecho de su intuición. Este proceso es perfectamente normal y a veces especialmente necesario.

Pero los hombres procesan la información en forma muy diferente. Antes de hablar o responder, "meditan" ₁₀o piensan en lo que escucharon o experimentaron. Interna y silenciosamente imaginan la respuesta más correcta y útil. Primero la formulan en su interior y luego la expresan. Este proceso podría tomar minutos u horas y para confundir aún más a las mujeres, si no tienen suficiente información para procesar una respuesta, pueden llegar a no responder.

Las mujeres necesitan entender que cuando él está en silencio, está diciendo: "Todavía no sé qué decir, ₁₅pero estoy pensando en ello". En lugar de eso, ellas escuchan: "No te estoy respondiendo porque tú no me importas y yo voy a ignorarte. Lo que me has dicho no es importante y por lo tanto no responderé".

--John Gray, Los hombres son de Marte y las mujeres son de Venus, 1995.

45. ¿Cuál es el tema principal del texto?

(A) Los marcianos

(B) Los extraterrestres

(C) Los procesos mentales

(D) Las mujeres

46. Según el texto ¿Cómo procesan la información los hombres?

(A) diferente

(B) "meditan"

(C) rápido

(D) muy rápido

47. ¿Cuál es el mayor desafío para las mujeres?

(A) Interpretar y apoyar correctamente a un hombre cuando habla de sus sentimientos.

(B) Interpretar y apoyar correctamente a un hombre cuando medita.

(C) Interpretar y apoyar correctamente a un hombre cuando no habla.

(D) Interpretar y apoyar correctamente a un hombre en la toma de decisiones.

48. ¿Qué sucede cuando los hombres se mantienen en silencio?

(A) Están formulando una pregunta para expresarla.

(B) Las mujeres lo malinterpretan y se enojan.

(C) Están formulando una respuesta para expresarla.

(D) Las mujeres están formulando una respuesta para expresarla.

49. ¿A qué se refiere la frase "piensan en voz alta" en el primer párrafo?

(A) Son ruidosas

(B) Externan su sentir y su pensar

(C) Hablan mucho

(D) Piensan más rápido que los demás

50. ¿Cuánto dura el procesamiento de pensamientos en el género masculino?

(A) 1 hora

(B) minutos u horas

(C) 30 minutos

(D) 1 minuto

51. ¿Cómo traducen las mujeres el silencio en los hombres?

(A) Como falta de interés de los hombres por los sentimientos y pensamientos de las mujeres.

(B) Como ignorancia y miedo a responder acertadamente a los sentimientos de las mujeres.

(C) Saben que los hombres necesitan tiempo para meditar y procesar la información.

(D) Saben que los hombres tienen problemas para interpretar correctamente los sentimientos.

En un lugar de la Mancha, de cuyo nombre no quiero acordarme, no hace mucho tiempo que vivía un hidalgo de los de lanza en astillero, adarga antigua, rocín flaco y galgo corredor. Una olla de algo más vaca que carnero, salpicón las más noches, huevos con tocino los sábados, lentejas los viernes, algún palomino de añadidura los domingos, consumían las tres partes de su renta. Tenía en su casa una ama que pasaba de los cuarenta y una sobrina que no llegaba a los veinte, y un mozo de campo y plaza que así ensillaba el rocín como tomaba la podadera.

La edad de nuestro hidalgo se acercaba a los cincuenta años. Era de complexión fuerte, seco de carnes, rostro delgado, gran madrugador y amigo de la caza. Quieren decir que tenía el sobrenombre de «Quijada», o «Quesada», que en esto hay alguna diferencia en los autores que de este caso escriben, aunque por conjeturas verosímiles se deja entender que se llamaba «Quijana».

Es, pues, de saber que este hidalgo, los ratos que estaba ocioso —que eran muchos—, leía libros de caballerías, con tanta afición y gusto, que olvidó casi de todo punto el ejercicio de la caza y la administración de su hacienda; y llegó a tanto su curiosidad en esto, que vendió muchas tierras para comprar libros de caballerías, y, así, llevó a su casa todos cuantos pudo encontrar.

En resolución, él se enfrascó tanto en su lectura, que se le pasaban las noches leyendo de claro en claro, y los días de turbio en turbio; y así, del poco dormir y del mucho leer, se le secó el cerebro y perdió el juicio. Se le llenó la fantasía de todo aquello que leía en los libros, y se le asentó de tal modo en la imaginación que eran verdad todas aquellas invenciones que leía, que para él no había otra historia más cierta en el mundo.

En efecto, rematado ya su juicio, tuvo el más extraño pensamiento, y fue que le pareció conveniente y necesario, hacerse caballero andante e irse por todo el mundo con sus armas y caballo a buscar las aventuras y a ejercitarse en todo aquello que él había leído que los caballeros andantes se

ejercitaban. Y lo primero que hizo fue limpiar y arreglar unas armas que habían sido de sus bisabuelos.

Fue luego a ver su rocín. Cuatro días se le pasaron en imaginar qué nombre le pondría; porque—según él pensaba— no era razón que caballo de caballero tan famoso, y tan bueno como él, estuviese sin nombre conocido y así, después de muchos nombres que formó, borró y quitó, añadió, deshizo y tornó a hacer en su memoria e imaginación, al fin le llamó «Rocinante», nombre, a su parecer, alto, sonoro y significativo.

– *Miguel de Cervantes Saavedra, 1547–1616*

52. **¿A qué se refiere la palabra "*galgo*" en el primer párrafo?**
    (A) Un palo con punta de hierro que sirve como arma ofensiva.
    (B) Un escudo de cuero para protegerse.
    (C) Un perro de caza.
    (D) Hombre que pertenece al estrato más bajo de la nobleza.

53. **¿A qué se refiere la palabra "*lanza*" en el primer párrafo?**
    (A) Un palo con una punta de hierro que sirve como arma ofensiva.
    (B) Un escudo de cuero para protegerse.
    (C) Un perro de caza.
    (D) Hombre que pertenece al estrato más bajo de la nobleza.

54. **¿A qué se refiere la palabra "*Hidalgo*" en el primer párrafo?**
    (A) Un palo con una punta de hierro que sirve como arma ofensiva.
    (B) Un escudo para protegerse.
    (C) Un perro de caza.
    (D) Hombre que pertenece al estrato más bajo de la nobleza.

55. ¿Cuál de las siguientes afirmaciones es correcta?

(A) En la casa del hidalgo vivían cuatro personas: la criada, una sobrina, un joven ayudante y él.

(B) En su casa tenía un rocín y un caballo.

(C) El hidalgo tenía más de cincuenta años.

(D) El hidalgo compró gran cantidad de tierras para agrandar su propiedad.

56. ¿Cuál fue la causa de la locura del hidalgo?

(A) Leer libros de fantasía

(B) Leer libros de caballos

(C) Leer cómics

(D) Leer libros de caballerías

57. ¿Cuál era la complexión física de nuestro hidalgo?

(A) Muy delgado

(B) Muy pesado

(C) Muy madrugador

(D) De nariz grande

58. ¿En dónde se desenvuelve la historia?

(A) En un palacio

(B) En España

(C) En una biblioteca llena de libros de caballería.

(D) En un lugar.

59. ¿Qué fue lo primero que hizo El Hidalgo al decidir convertirse en caballero?

(A) Leer libros de fantasía.

(B) Limpiar una vieja armadura de sus bisabuelos.

(C) Ejercitarse en todo aquello que los caballeros se ejercitan.

(D) Ensillar a su rocín.

60. ¿A qué se refiere la parte del texto en la que se lee *"cuatro días se le pasaron en imaginar qué nombre le pondría; porque —según él pensaba—"*?

(A) La imaginación es basta. Es importante ejercitar el pensamiento y la imaginación.

(B) El difícil asignar nombres a rocines ya que es una tarea muy importante para todo aquel que desea ser caballero.

(C) El Hidalgo pensaba lentamente, le complacía tomarse su tiempo.

(D) El Hidalgo ya no pensaba más; imaginaba. Debido a la locura en la que estaba inmerso.

61. ¿Cuál de las siguientes opciones pudiese ser la razón de que su sobrenombre fuese "Quijana"?

(A) Debido a su complexión física.

(B) Debido a que era un sobrenombre popular en aquella época.

(C) Así lo llamaban desde pequeño.

(D) Los autores llegaron a la conclusión de que ese era el mejor sobrenombre que se le podía otorgar.

Las dos grandes religiones de la India estaban fundadas en concepciones distintas de la divinidad. El Islam se apoya en el profeta Mahoma y en el Corán.

El hinduismo es una religión sin fundador, aunque revelada, sin dogma, sin liturgia.

Para el Islam, el creador se desliga de su creación, ordena y reina sobre su obra.

Para los hindúes, el creador y su creación no son más que una misma cosa.

Los hindúes creen que Dios está presente en todas partes y es en todas partes el mismo. Dios es las plantas, los animales, el juego, la lluvia, el corazón.

No hay para los hindúes más que una sola falta, la avidya, la ignorancia: No ver la presencia de Dios en todas las cosas.

Para los musulmanes, Alá es un absoluto; el Corán prohíbe su representación. Una mezquita es un lugar desnudo. Las decoraciones permitidas son motivos abstractos o la repetición de los noventa y nueve nombres de Alá.

Un templo hinduista es un inmenso bazar espiritual, un batiburrillo de diosas con el cuello enguirnaldado de serpientes, de dioses con seis brazos o con cabeza de elefante, de jóvenes vírgenes y de representaciones eróticas.

62. ¿Cuál es el tema principal de la lectura?
(A) Las religiones en Oriente
(B) El Islam y El Hinduismo en La India.
(C) El Islam en La India y el Hinduismo
(D) El politeísmo en general.

63. Los Hinduistas piensan que Dios:
(A) Creó el mundo de la nada.
(B) Está en todo nuestro alrededor.
(C) Se encuentra en las plantas.
(D) Está en los animales.

64. ¿A qué se refiere la frase "sin dogma" en el segundo párrafo?
(A) Sin principio de fe.
(B) Sin organización.
(C) Sin razón de ser.
(D) Sin problemas.

65. ¿Cómo se llama el Dios del Islam?
(A) Jesús de Nazareth.
(B) David.
(C) Alá.
(D) Mahoma.

66. ¿Cuál es el significado de la palabra "batiburrillo" en el último párrafo?
(A) Revoltijo
(B) Cóctel
(C) Barato
(D) Burro

67. ¿Por qué las mezquitas no tienen ninguna representación de Dios?
(A) Porque no se conoce el rostro de Dios
(B) Porque el Corán lo prohíbe.
(C) Porque el profeta Mahoma lo ordenó.
(D) Porque así es como se acostumbra en el Islam.

68. ¿Cuál es la única falta en el hinduismo?
(A) No poder ver con claridad.
(B) La falta de espiritualidad en el ser humano.
(C) La carencia de fe en los humanos.
(D) No ver la presencia de Dios en todo nuestro alrededor.

69. Cuál de las siguientes afirmaciones es cierta:
(A) Los Dioses y Diosas Hindúes son extravagantes.
(B) Los Dioses y Diosas del Corán son extravagantes.
(C) El Dios del Islam es Mahoma y la religión se funda en el Corán.
(D) El Dios de los Hindúes es extravagante.

70. Cuál de las siguientes palabras no es un sinónimo de "Absoluto":
(A) Total
(B) Único
(C) Tajante
(D) Relativo

ANSWER KEY for Sample Test One

Question Number	Correct Answer	Your Answer
1	D	
2	B	
3	B	
4	C	
5	A	
6	D	
7	C	
8	C	
9	B	
10	A	
11	D	
12	B	
13	D	
14	C	
15	C	
16	C	
17	A	
18	B	
19	C	
20	B	
21	B	
22	A	
23	B	
24	B	

Question Number	Correct Answer	Your Answer
25	A	
26	D	
27	B	
28	B	
29	B	
30	B	
31	C	
32	B	
33	D	
34	C	
35	C	
36	B	
37	D	
38	D	
39	D	
40	A	
41	A	
42	A	
43	C	
44	B	
45	C	
46	B	
47	C	
48	C	

Question Number	Correct Answer	Your Answer
49	B	
50	B	
51	A	
52	C	
53	A	
54	D	
55	A	
56	D	
57	A	
58	B	
59	B	
60	D	
61	A	
62	B	
63	B	
64	A	
65	C	
66	A	
67	B	
68	D	
69	A	
70	D	

EXPLANATIONS for
Sample Test One———————

Julia Morgan
20 de enero de 2016
por <u>Alejandro Hernández Gálvez</u> | <u>@otrootroblog</u>

₁Un letrero: *no trespassing*. Una reja. Entre la bruma se ve a la distancia una colina que poco a poco se revela como una fortaleza con torres y cúpulas. Un par de monos y luego un par de góndolas venecianas y el reflejo de la fortaleza en el agua. Un puente. Una banca. Señales. Una única ventana iluminada lo lejos a la que nos acercamos. La luz se apaga. Ahora desde adentro vemos la misma ventana. Amanece. Está nevando, pero la ₅nieve cae dentro de una esfera de vidrio que sostiene una mano. Unos labios y un bigote canoso. *Rosebud*. La mano suelta la esfera de vidrio que cae al suelo y rueda dos escalones hasta romperse. Entra una enfermera para darse cuenta de que Charles Foster Kane acaba de morir.

Así empieza *Citizen Kane*, la película de Orson Welles que para muchos críticos es la mejor de la historia. El personaje de Charles Foster Kane está basado en buena parte en William Randolph Hearst, el magnate dueño de periódicos. Si ₁₀Kane vivía en Xanadu, su inmenso y excéntrico castillo en Florida, Hearst vivió en *La Cuesta Encantada*, una propiedad en San Simeon, California, a medio camino entre Los Angeles y San Francisco. Hearst heredó los más de mil kilómetros cuadrados de terreno de su madre, Phoebe Hearst. También heredó de su madre al arquitecto o, más bien, arquitecta: Julia Morgan.

Julia Morgan nació el 20 de enero de 1872 en San Francisco, California. Su padre, Charles Morgan, había viajado al ₁₅oeste en 1867, como muchos, a buscar fortuna en las minas de oro. No tuvo suerte—a diferencia del padre de Hearst, que llegó a California en 1850 y logró hacer una fortuna considerable. En lo que sí tuvo suerte Charles Morgan fue al casarse con Eliza Parmelee, hija de un millonario de la costa este. Los Morgan tuvieron cinco hijos y, contrario a las costumbre de la época, decidieron procurar una buena educación para todos, mujeres incluidas. En la escuela, Julia destacó en matemáticas y en física. Durante algunas vacaciones, Julia visitaba a una prima suya que vivía en Nueva ₂₀York y estaba casada con Pierre LeBrun, arquitecto, hijo del también arquitecto Napoleon LeBrun. Por Pierre, Julia empezó a interesarse en la arquitectura.

En 1890, Julia Morgan fue una de las pocas mujeres en entrar a estudiar en la Universidad de California en Berkeley, donde no se enseñaba arquitectura. En 1894, Julia fue la primera mujer que se recibió como ingeniera en esa universidad. Su profesor de dibujo y geometría fue Bernard Maybeck, convenció a Julia de ir a estudiar a París. El ₂₅problema era que la *Ecole des Beaux Arts* sólo admitía a treinta de los casi 400 que lo intentaban cada vez y limitaba el número de alumnos extranjeros. Algo más: no admitía mujeres. En 1897, Julia Morgan quedó en el lugar número 42 y no fue admitida. A los seis meses volvió a intentarlo, sin éxito. Otros seis meses y otro intento. Quedó en el lugar 13 y se convirtió así en la primera mujer en entrar a estudiar a *Beaux Arts*. En dos años terminó todos los cursos y recibió su diploma. De vuelta a California entró a trabajar con John Galen Howard, un arquitecto que había estudiado ₃₀primero en el MIT y luego en *Beaux Arts*, antes de regresar a los Estados Unidos a trabajar para H.H.Richardson y, finalmente, abrir su oficina en California, donde trabajó en varios proyectos para Phoebe Hearst. Fue así que Phoebe conoció a Julia y le pidió a Howard que ésta se hiciera cargo de sus proyectos.

En 1904 Julia obtuvo la licencia para ejercer como arquitecta en el estado de California — también fue la primera mujer en lograrlo. En 1906, el incendio que siguió al terremoto de San Francisco destruyó toda su oficina, incluyendo ₃₅su archivo. Pero algunos edificios que ella había construido usando concreto armado se mantuvieron en pie. La gente empezó a hablar más de la arquitecta Morgan.

Le encargaron renovar el interior del Hotel Fairmont, que reabrió el 18 de abril de 1907, al año exacto del terremoto. En 1919 murió Phoebe Hearst y su hijo contrató a Julia Morgan para construir un *bungalow* en la colina que le había heredado. El proyecto fue creciendo y entre 1919 y 1938 la arquitecta viajó cada fin de semana de San Francisco a San Simeon para supervisar el diseño y la construcción de lo que sería 40*el Castillo Hearst*, con sus 56 habitaciones y 61 baños. Al final serían más de ocho mil metros cuadrados de construcción.

Lewis dice que Morgan "nunca iba a reuniones sociales ni buscaba llamar la atención sobre sí misma, no participaba en concursos, no escribía artículos ni dictaba conferencias y no escribió ningún tipo de memoria," pero durante 45toda su carrera diseñó más de 700 edificios. También cuenta que decía "nunca rechaces un trabajo porque pienses que es demasiado pequeño, no sabes hasta dónde puede llegar." Un bungalow puede terminar siendo un palacio de cincuenta y seis habitaciones.

Rosebud.

Fuente: Hernández, Alejandro. Julia Morgan. *Arquine* (en línea). 20 de enero de 2016, No. 74. (fecha de consulta: 21 de enero de 2016). Disponible en: http://www.arquine.com/julia-morgan/

35. ¿De qué trata la lectura?
(A) Artículo Científico
(B) Sinopsis de una película
(C) Texto Bibliográfico
(D) Crítica al urbanismo

La respuesta correcta es la C.
The text describes a persons's life. In this case; Julia Morgan. One of the first female Architects.

36. ¿Qué relación tiene el primer párrafo con el resto del texto?
(A) Es un recurso literario, como una manera no convencional de utilizar las palabras para darle explicación al tema principal de la lectura.
(B) Introduce al sujeto principal del texto, vinculándolo con el personaje de una película.
(C) No tiene relación con el resto del texto.
(D) Nos da una pista para adivinar el desenlace de la historia.

La respuesta correcta es la B.
Both, A and B answers can sound like correct options, however, in the first paragraph, a well-known movie's introduction is presented as a resource to present the main character of the text. Therefore, the correct answer is B.

37. ¿A qué se dedica el sujeto principal de la lectura?
(A) Actor de cine
(B) Ingeniero por la Universidad de Berkeley
(C) Minera
(D) Arquitecto

La respuesta correcta es la D.
Even though the main character has a title in Engineering and another one in Architecture, she spends her life performing as an Architect.

38. ¿En qué Universidad estudió el sujeto principal de la lectura?
(A) École de Beux Arts
(B) MIT y École de Beux Arts
(C) Universidad de California en Berkeley
(D) A y C

La respuesta correcta es la D.
In the fourth paragraph is pointed that the main character studied, first in Berkeley, then in Paris in la Ecole de Beux Arts.

39. ¿Qué se infiere, en el último párrafo, sobre la forma de ser(el carácter) del personaje principal de la lectura?

(A) El personaje muestra timidez
(B) El personaje es trabajador
(C) El personaje fue exitoso
(D) El personaje mostraba humildad

La respuesta correcta es la D.

Based on the information provided in the last paragraph, the main character never pretended to stand out, she didn't attend social gatherings, she didn't write articles nor gave conferences; therefore is inferred that the character was humble.

40. ¿Con qué frase se relaciona la forma de ser(el carácter) del personaje principal, descrito en el último párrafo de la lectura?

(A) *"Trabaja duro en silencio y deja que tu éxito haga todo el ruido".– Mery Bracho*
(B) *"Es mejor ser rey de tu silencio que esclavo de tus palabras".– William Shakespeare*
(C) *"Hay personas silenciosas que son mucho más interesantes que los mejores oradores". – Benjamin Disraeli*
(D) *"El silencio es el único amigo que jamás traiciona".– Confucio*

La respuesta correcta es la A.

The phrase is related to hard working and being humble. Therefore, is the option that best describes the personality of the main character.

41. ¿Por qué se volvió famosa la Arquitecta Morgan?

(A) Por utilizar concreto armado en sus edificios.
(B) Por ser la primera mujer en conseguir una licencia para construir.
(C) Por ser hija de un millonario
(D) Por ser la primera mujer en obtener un grado en ingeniería por la Universidad de Berkeley.

La respuesta correcta es la A.

In the fifth paragraph it is mentioned that a fire destroyed San Francisco, however, some of the few buildings that remained were those Julia Morgan built using reinforced concrete.

42. ¿A qué se refiere la línea *"Contrario a la costumbre de la época"*? En el tercer párrafo.

(A) La familia Morgan no seguían las costumbres californianas.
(B) El señor y la señora Morgan otorgaron educación a todos sus hijos.
(C) Julia Morgan no vestía faldas largas.
(D) La familia Morgan había viajado al oeste en vez de al este, como todas las demás familias.

La respuesta correcta es la A.

The way the Morgan family thought were different from the majority during that time.

43. ¿Cuál es la ironía en la vida de Julia Morgan, señalada al final del texto, misma que corrobora su humildad?

(A) El que sus padres no hubiesen encontrado oro en las minas de california pero un tesoro invaluable en las habilidades y destrezas de sus hijos e hijas.
(B) El que su abuelo no hubiese encontrado oro y el magnate dueño de periódicos, Hearst; si.
(C) El que la idea de un bungalow se hubiese convertido en un castillo con 56 habitaciones y que Julia Morgan, desde un inicio, estuviese dispuesta a llevar a cabo la construcción, aún y cuando era un proyecto sencillo.
(D) Julia Morgan no dejó registro de su trabajo plasmado sobre papel sino sobre concreto, al no haber libros, ni entrevistas, ni artículos sobre esta pionera, pero alrededor de 700 edificios diseñados por ella.

La respuesta correcta es la C.
In the last paragraph is pointed how Julia Morgan accepted a small job, which evolved into a big project.

44. **De las siguientes afirmaciones cuál es correcta:**
   (A) Morgan fue de las primeras mujeres en entrar a la escuela de Berkeley en donde enseñaban Arquitectura.
   (B) Morgan fue la primera mujer en recibirse como Ingeniera en la Universidad de Berkeley.
   (C) Morgan se dedicaba a la construcción de palacios.
   (D) Morgan entró a la escuela de California.

La respuesta correcta es la B.
Both B and D options are correct, however option B gives details, therefore is the right answer. As shown in paragraph 4, Julia Morgan was the first woman with a degree in Engineering from Berkeley University.

Cuando los marcianos no hablan

₁Uno de los desafíos más grandes para los hombres es interpretar correctamente y apoyar a una mujer cuando habla de sus sentimientos. El mayor desafío para las mujeres es interpretar correctamente y apoyar a un hombre cuando no habla. El silencio resulta muy fácilmente malinterpretado por las mujeres. Hombres y mujeres piensan y procesan información en forma muy diferente. Las mujeres piensan en voz alta ₅compartiendo su proceso de descubrimiento interior con un oyente interesado. Aún hoy, una mujer a menudo descubre qué quiere decir a través del simple proceso verbal. Este proceso de dejar simplemente que los pensamientos fluyan en libertad y expresarlos en voz alta, la ayuda a obtener provecho de su intuición. Este proceso es perfectamente normal y a veces especialmente necesario.

Pero los hombres procesan la información en forma muy diferente. Antes de hablar o responder, "meditan" ₁₀piensan en lo que escucharon o experimentaron. Interna y silenciosamente imaginan la respuesta más correcta y útil. Primero la formulan en su interior y luego la expresan. Este proceso podría tomar minutos u horas y para confundir aún más a las mujeres, si no tienen suficiente información para procesar una respuesta, pueden llegar a no responder.

Las mujeres necesitan entender que cuando él está en silencio, está diciendo: "Todavía no sé qué decir, ₁₅pero estoy pensando en ello". En lugar de eso, ellas escuchan: "No te estoy respondiendo porque tú no me importas y yo voy a ignorarte. Lo que me has dicho no es importante y por lo tanto no responderé".

~John Gray, Los hombres son de Marte y las mujeres son de Venus, 1995.

45. **¿Cuál es el tema principal del texto?**
   (A) Los marcianos
   (B) Los extraterrestres
   (C) Los procesos mentales
   (D) Las mujeres

La respuesta correcta es la C.
The main subject of the text is the difference between the way men and women think.

46. **Según el texto ¿Cómo procesan la información los hombres?**
   (A) diferente
   (B) "meditan"
   (C) rápido
   (D) muy rápido

La respuesta correcta es la B.
The first line in the second paragraph explains how men think; "meditan".

47. ¿Cuál es el mayor desafío para las mujeres?

(A) Interpretar y apoyar correctamente a un hombre cuando habla de sus sentimientos.

(B) Interpretar y apoyar correctamente a un hombre cuando medita.

(C) Interpretar y apoyar correctamente a un hombre cuando no habla.

(D) Interpretar y apoyar correctamente a un hombre en la toma de decisiones.

La respuesta correcta es la C.

The first paragraph explains the biggest challenge for women; interpreting and supporting men when they don't talk.

48. ¿Qué sucede cuando los hombres se mantienen en silencio?

(A) Están formulando una pregunta para expresarla.

(B) Las mujeres lo malinterpretan y se enojan.

(C) Están formulando una respuesta para expresarla.

(D) Las mujeres están formulando una respuesta para expresarla.

La respuesta correcta es la C.

The second paragraph explains how men think. In their mental process the answer is first processed then expressed.

49. ¿A qué se refiere la frase "piensan en voz alta" en el primer párrafo?

(A) Son ruidosas

(B) Externan su sentir y su pensar

(C) Hablan mucho

(D) Piensan más rápido que los demás

La respuesta correcta es la B.

The phrase refers the way women express their feelings and thoughts, which, usually, is out loud.

50. ¿Cuánto dura el procesamiento de pensamientos en el género masculino?

(A) 1 hora

(B) minutos u horas

(C) 30 minutos

(D) 1 minuto

La respuesta correcta es la B.

All answers are correct, however, answer B includes all options since it is the most general answer.

51. ¿Cómo traducen las mujeres el silencio en los hombres?

(A) Como falta de interés de los hombres por los sentimientos y pensamientos de las mujeres.

(B) Como ignorancia y miedo a responder acertadamente a los sentimientos de las mujeres.

(C) Saben que los hombres necesitan tiempo para meditar y procesar la información.

(D) Saben que los hombres tienen problemas para interpretar correctamente los sentimientos.

La respuesta correcta es la A.

On the first paragraph the way men process information and how it affects women is explained. Being option A the best answer.

En un lugar de la Mancha, de cuyo nombre no quiero acordarme, no hace mucho tiempo que vivía un hidalgo de los de lanza en astillero, adarga antigua, rocín flaco y galgo corredor. Una olla de algo más vaca que carnero, salpicón las más noches, huevos con tocino los sábados, lentejas los viernes, algún palomino de añadidura los domingos, consumían las tres partes de su renta. Tenía en su casa una ama que pasaba de los cuarenta y una sobrina que no llegaba a los veinte, y un mozo de campo y plaza que así ensillaba el rocín como tomaba la podadera.

La edad de nuestro hidalgo se acercaba a los cincuenta años. Era de complexión fuerte, seco de carnes, rostro delgado, gran madrugador y amigo de la caza. Quieren decir que tenía el sobrenombre de «Quijada», o «Quesada», que en esto hay alguna diferencia en los autores que de este caso escriben, aunque por conjeturas verosímiles se deja entender que se llamaba «Quijana».

Es, pues, de saber que este hidalgo, los ratos que estaba ocioso —que eran muchos—, leía libros de caballerías, con tanta afición y gusto, que olvidó casi de todo punto el ejercicio de la caza y la administración de su hacienda; y llegó a tanto su curiosidad en esto, que vendió muchas tierras para comprar libros de caballerías, y, así, llevó a su casa todos cuantos pudo encontrar.

En resolución, él se enfrascó tanto en su lectura, que se le pasaban las noches leyendo de claro en claro, y los días de turbio en turbio; y así, del poco dormir y del mucho leer, se le secó el cerebro y perdió el juicio. Se le llenó la fantasía de todo aquello que leía en los libros, y se le asentó de tal modo en la imaginación que eran verdad todas aquellas invenciones que leía, que para él no había otra historia más cierta en el mundo.

En efecto, rematado ya su juicio, tuvo el más extraño pensamiento, y fue que le pareció conveniente y necesario, hacerse caballero andante e irse por todo el mundo con sus armas y caballo a buscar las aventuras y a ejercitarse en todo aquello que él había leído que los caballeros andantes se ejercitaban. Y lo primero que hizo fue limpiar y arreglar unas armas que habían sido de sus bisabuelos.

Fue luego a ver su rocín. Cuatro días se le pasaron en imaginar qué nombre le pondría; porque—según él pensaba— no era razón que caballo de caballero tan famoso, y tan bueno como él, estuviese sin nombre conocido y así, después de muchos nombres que formó, borró y quitó, añadió, deshizo y tornó a hacer en su memoria e imaginación, al fin le llamó «Rocinante», nombre, a su parecer, alto, sonoro y significativo.

– Miguel de Cervantes Saavedra, 1547–1616

52. **¿A qué se refiere la palabra *"galgo"* en el primer párrafo?**

(A) Un palo con punta de hierro que sirve como arma ofensiva.

(B) Un escudo de cuero para protegerse.

(C) Un perro de caza.

(D) Hombre que pertenece al estrato más bajo de la nobleza.

La respuesta correcta es la C.
In the first lines the phrase "galgo corredor" refers to a hunter dog.

53. **¿A qué se refiere la palabra *"lanza"* en el primer párrafo?**

(A) Un palo con una punta de hierro que sirve como arma ofensiva.

(B) Un escudo de cuero para protegerse.

(C) Un perro de caza.

(D) Hombre que pertenece al estrato más bajo de la nobleza.

La respuesta correcta es la A.
The word refers to a certain old weapon. Described as a stick with a sharp tip.

54. **¿A qué se refiere la palabra *"Hidalgo"* en el primer párrafo?**

(A) Un palo con una punta de hierro que sirve como arma ofensiva.

(B) Un escudo para protegerse.

(C) Un perro de caza.

(D) Hombre que pertenece al estrato más bajo de la nobleza.

La respuesta correcta es la D.
The word "Hidalgo" refers to the son of nobles. With few properties, still wealthy. They had military benefits, including the right to own weapons. This is an old term used in the 1700-1800 in Spain and Portugal.

55. **¿Cuál de las siguientes afirmaciones es correcta?**
   (A) En la casa del hidalgo vivían cuatro personas: la criada, una sobrina, un joven ayudante y él.
   (B) En su casa tenía un rocín y un caballo.
   (C) El hidalgo tenía más de cincuenta años.
   (D) El hidalgo compró gran cantidad de tierras para agrandar su propiedad.

   La respuesta correcta es la A.
   Option A is the best answer. In the first paragraph is mentioned the people the main character live with. The second option is redundant since both terms means the same (rocín and caballo). The third option is not the best one either; In the second paragraph it is mentioned; the main character is near 50 years old. Option D, is not correct.

56. **¿Cuál fue la causa de la locura del hidalgo?**
   (A) Leer libros de fantasía
   (B) Leer libros de caballos
   (C) Leer cómics
   (D) Leer libros de caballerías

   La respuesta correcta es la D.
   The reason why the main character lost his mind is because he read books about knights.

57. **¿Cuál era la complexión física de nuestro hidalgo?**
   (A) Muy delgado
   (B) Muy pesado
   (C) Muy madrugador
   (D) De nariz grande

   La respuesta correcta es la A.
   In the second paragraph, the phrase "seco de carnes" refers to a very thin person.

58. **¿En dónde se desenvuelve la historia?**
   (A) En un palacio
   (B) En España
   (C) En una biblioteca llena de libros de caballería.
   (D) En un lugar.

   La respuesta correcta es la B.
   In the very first line we can read "En un lugar de la Mancha …". La Mancha is a region in Spain, therefore, answer B is the correct choise.

59. **¿Qué fue lo primero que hizo El Hidalgo al decidir convertirse en caballero?**
   (A) Leer libros de fantasía.
   (B) Limpiar una vieja armadura de sus bisabuelos.
   (C) Ejercitarse en todo aquello que los caballeros se ejercitan.
   (D) Ensillar a su rocín.

   La respuesta correcta es la B.
   In the fifth paragraph is mentioned the first action the main character proceeded with; clean his great grandparents armor.

60. **¿A qué se refiere la parte del texto en la que se lee "*cuatro días se le pasaron en imaginar qué nombre le pondría; porque —según él pensaba—*"?**
   (A) La imaginación es basta. Es importante ejercitar el pensamiento y la imaginación.
   (B) El difícil asignar nombres a rocines ya que es una tarea muy importante para todo aquel que desea ser caballero.
   (C) El Hidalgo pensaba lentamente, le complacía tomarse su tiempo.
   (D) El Hidalgo ya no pensaba más; imaginaba. Debido a la locura en la que estaba inmerso.

La respuesta correcta es la D.

Option D is the one that best describes the mental situation of the main character. He was unable to think anymore. He imagined.

61. **¿Cuál de las siguientes opciones pudiese ser la razón de que su sobrenombre fuese "Quijana"?**
    (A) Debido a su complexión física.
    (B) Debido a que era un sobrenombre popular en aquella época.
    (C) Así lo llamaban desde pequeño.
    (D) Los autores llegaron a la conclusión de que ese era el mejor sobrenombre que se le podía otorgar.

La respuesta correcta es la A.

The name "Quijana" refers to a strong physiognomy. Characterized by a prominent jaw.

Las dos grandes religiones de la India estaban fundadas en concepciones distintas de la divinidad. El Islam se apoya en el profeta Mahoma y en el Corán.

El hinduismo es una religión sin fundador, aunque revelada, sin dogma, sin liturgia.

Para el Islam, el creador se desliga de su creación, ordena y reina sobre su obra.

Para los hindúes, el creador y su creación no son más que una misma cosa.

Los hindúes creen que Dios está presente en todas partes y es en todas partes el mismo. Dios es las plantas, los animales, el juego, la lluvia, el corazón.

No hay para los hindúes más que una sola falta, la avidya, la ignorancia: No ver la presencia de Dios en todas las cosas.

Para los musulmanes, Alá es un absoluto; el Corán prohíbe su representación. Una mezquita es un lugar desnudo. Las decoraciones permitidas son motivos abstractos o la repetición de los noventa y nueve nombres de Alá.

Un templo hinduista es un inmenso bazar espiritual, un batiburrillo de diosas con el cuello enguirnaldado de serpientes, de dioses con seis brazos o con cabeza de elefante, de jóvenes vírgenes y de representaciones eróticas.

62. **¿Cuál es el tema principal de la lectura?**
    (A) Las religiones en Oriente
    (B) El Islam y El Hinduismo en La India.
    (C) El Islam en La India y el Hinduismo
    (D) El politeismo en general.

La respuesta correcta es la B.

The main subject of the text are the diversity of religions in the world, specifically Islam and Hinduism in India.

63. **Los Hinduistas piensan que Dios:**
    (A) Creó el mundo de la nada.
    (B) Está en todo nuestro alrededor.
    (C) Se encuentra en las plantas.
    (D) Está en los animales.

La respuesta correcta es la B.

In the fifth paragraph is explained the way the Hinduist religion beliefs in god surrounding us everywhere.

64. **¿A qué se refiere la frase "sin dogma" en el segundo párrafo?**
    (A) Sin principio de fe.
    (B) Sin organización.
    (C) Sin razón de ser.
    (D) Sin problemas.

La respuesta correcta es la A.

The word "dogma" means "principio de fe".

65. **¿Cómo se llama el Dios del Islam?**
    (A) Jesús de Nazareth.
    (B) David.
    (C) Alá.
    (D) Mahoma.

La respuesta correcta es la C.

It is well-known the god of Islam is Alá. Mahoma is one of the prophets.

66. **¿Cuál es el significado de la palabra "batiburrillo" en el último párrafo?**
    (A) Revoltijo
    (B) Cóctel
    (C) Barato
    (D) Burro

    La respuesta correcta es la A.
    The word "batiburrillo" means "no order" therefore, option A is the one that best matches the meaning. In the last paragraph is mentioned how Hindu temples are extravagant and full of ornament.

67. **¿Por qué las mezquitas no tienen ninguna representación de Dios?**
    (A) Porque no se conoce el rostro de Dios
    (B) Porque el Corán lo prohíbe.
    (C) Porque el profeta Mahoma lo ordenó.
    (D) Porque así es como se acostumbra en el Islam.

    La respuesta correcta es la B.
    In the seventh paragraph it is mentioned Coran prohibits god representation.

68. **¿Cuál es la única falta en el hinduismo?**
    (A) No poder ver con claridad.
    (B) La falta de espiritualidad en el ser humano.
    (C) La carencia de fe en los humanos.
    (D) No ver la presencia de Dios en todo nuestro alrededor.

    La respuesta correcta es la D.
    In the sixth paragraph it is mentioned, the only "sin" in Hinduism is the avidya; which is the ignorance.

69. **Cuál de las siguientes afirmaciones es cierta:**
    (A) Los Dioses y Diosas Hindúes son extravagantes.
    (B) Los Dioses y Diosas del Corán son extravagantes.
    (C) El Dios del Islam es Mahoma y la religión se funda en el Corán.
    (D) El Dios de los Hindúes es extravagante.

    La respuesta correcta es la A.
    The last paragraph explains the Hindu temples as well as its gods and goddesses.

70. **Cuál de las siguientes palabras no es un sinónimo de "Absoluto":**
    (A) Total
    (B) Único
    (C) Tajante
    (D) Relativo

    La respuesta correcta es la D.
    Options A, B and C are synonyms of the word "Absoluto". Being option D an antonym.

Sample Test Two

Part A

Time: Approximately 40 minutes

THE DIRECTIONS FOR EACH PART IN THIS BOOKLET ARE PRESENTED IN ENGLISH AND IN SPANISH. CHOOSE THE ONE LANGUAGE WITH WHICH YOU ARE THE MOST COMFORTABLE, AND DO NOT WASTE TIME BY READING BOTH.

Directions: You will now listen to several selections. After each one, you will be asked some questions about what you have just heard. Select the BEST answer to each question from among the four choices printed in your test booklet and then place the letter of your choice in the corresponding box on the student answer sheet.

Instrucciones: Ahora vas a escuchar varias selecciones. Después de cada una se te harán varias preguntas sobre lo que acabas de escuchar. Para cada pregunta elige la MEJOR respuesta de las cuatro opciones escritas en tu libreta de examen y escribe la letra de la opción seleccionada en el cuadro correspondiente de la hoja de respuestas del estudiante.

SELECTION 1

1. (A) No la he visto
   (B) No lo he visto
   (C) Ya lo vi
   (D) Ya las vi

2. (A) Tenemos dos niñas
   (B) Ella está embarazada
   (C) Se llama Luciana
   (D) Se fue de vacaciones

3. (A) Para irme de vacaciones con mi familia
   (B) Me fui de vacaciones con mi familia
   (C) Fui a Buenos Aires
   (D) Estuve con mi familia en Walt Disney

4. (A) El técnico llegará rápido
   (B) El técnico no fue a la cita
   (C) El técnico acudirá a su cita
   (D) El técnico llegará rápidamente

SELECTION 2

5. (A) Vodka
   (B) Champiñones con queso
   (C) Voy con mi esposo
   (D) Ayer comí sanduche

6. (A) Es muy bonito
   (B) Es feo
   (C) Es grande
   (D) Es plateado

7. (A) Soy colombiana
   (B) Mis abuelos eran franceses
   (C) Carolina
   (D) Tengo hijos que son franceses

8. (A) ¿Será interesante?
   (B) ¿Van a haber muchas exposiciones?
   (C) ¿Y qué vendiste?
   (D) ¿Tendrá muchos eventos especiales?

9. (A) Yo jugué fútbol el año pasado
   (B) Yo permanezco en mi casa durmiendo
   (C) ¿Tu perro nos dejará jugar fútbol?
   (D) ¿El agua está sucia?

SELECTION 3

10. (A) No, es deliciosa

   (B) Sí, me encanta bailar

   (C) No, debo estudiar para un examen

   (D) Si, vamos a comer carne

11. (A) No, porque mi hermana es mayor que yo

   (B) No, pero mi abuela vive en otro país

   (C) No, pero si los tuviera sería muy feliz

   (D) No, pero mi amiga tiene tres hijos

12. (A) Tuviste dinero

   (B) Claro! habrías entendido la película

   (C) Claro! habrías perdido el examen

   (D) habrás ganado el partido

13. (A) Deberías entender las instrucciones

   (B) Deberías buscar en el bosque

   (C) Deberías estudiar más español

   (D) Deberías comer barras de chocolate

SELECTION 4

14. (A) A la orden

   (B) Debo irme

   (C) Gratis

   (D) En efectivo

15. (A) En 1990

   (B) En Agosto

   (C) En mi primer año

   (D) A las dos de la tarde

16. (A) Sí, estoy cansado

   (B) Sí, vivo en el centro

   (C) Sí, me gusta la comida de mar

   (D) Sí, tengo una esposa

17. (A) Practica natación y sale a almorzar con su familia

   (B) Tiene mucha hambre

   (C) Mañana se va para Perú

   (D) Estuvo estudiando español

18. (A) Vamos al mar

   (B) Un bolso de cuero

   (C) Le compré un vestido

   (D) Fuimos de viaje

Directions: You will now listen to a selection of about five minutes duration. First you will have two minutes to read the questions silently. Then you will hear the selection. You may take notes in the blank space provided as you listen. You will not be graded on these notes. At the end of the selection, you will answer a number of questions about what you have heard. Based on the information provided in the selection, select the BEST answer for each question from among the four choices printed in your test booklet and then place the letter of your choice in the corresponding box on the student answer sheet.

Instrucciones: Ahora escucharás una selección de unos cinco minutos de duración. Primero tendrás dos minutos para leer las preguntas en silencio. Después escucharás la selección. Se te permite tomar apuntes en el espacio en blanco de esta hoja mientras escuches. Estos apuntes no serán calificados. Al final de la selección, responderás a una serie de preguntas acerca de lo que acabas de escuchar. Basándote en la información que se da en la selección, elige la MEJOR respuesta de las cuatro opciones escritas en tu libreta de examen y escribe la letra de la opción seleccionada en el cuadro correspondiente de la hoja de respuestas del estudiante.

Write your notes on this page.

19. **Space es:**
   - (A) Una plataforma de comunicación
   - (B) Una red social
   - (C) Un chat
   - (D) Un lugar donde solo puedes ver publicaciones

20. **De acuerdo con el ejercicio, ¿Qué significa entablar?**
   - (A) Cubrir o asegurar un lugar con tablas
   - (B) Dar comienzo a un proceso entre dos personas
   - (C) Poner una tabla encima de otra
   - (D) Iniciar una actividad

21. **Sam está interesada tener dentro de su círculo social:**
   - (A) Sólo amigos
   - (B) Familiares
   - (C) Colegas
   - (D) Compañeros

22. **De las tres personas que nombran, ¿Cuál de ellos es bastante extrovertido?**
   - (A) Nicky
   - (B) Sam
   - (C) Nicole
   - (D) Nic

23. **Solo quiere conocer personas de buen humor**
   - (A) Sam
   - (B) Nicole
   - (C) Ricky
   - (D) Nicky

24. **En la plataforma espacio tu puedes navegar:**
   - (A) Gratis, siempre y cuando navegues 30 horas al mes
   - (B) Si consigues 1000 "me gusta" puedes tenerla gratis
   - (C) Tiene un costo pero puedes recibir beneficios
   - (D) Cuesta $500 pero tienes muchos beneficios

25. **¿Qué ganaran los usuarios si reciben 1000 "me gusta" en una publicación?**
   - (A) Una estadía en las Bahamas
   - (B) Un crucero por las Bahamas
   - (C) Un tour por las Bahamas en lancha
   - (D) Una visita a las Bahamas solo por 30 días

26. **¿Cuál es el adjetivo que mejor describe mejor la interfaz de la plataforma espacio?**
   - (A) Grandiosa
   - (B) Agradable
   - (C) Excelente
   - (D) Genial

Directions: You will now listen to a selection of about five minutes duration. First you will have two minutes to read the questions silently. Then you will hear the selection. You may take notes in the blank space provided as you listen. You will not be graded on these notes. At the end of the selection, you will answer a number of questions about what you have heard. Based on the information provided in the selection, select the BEST answer for each question from among the four choices printed in your test booklet and then place the letter of your choice in the corresponding box on the student answer sheet.

Instrucciones: Ahora escucharás una selección de unos cinco minutos de duración. Primero tendrás dos minutos para leer las preguntas en silencio. Después escucharás la selección. Se te permite tomar apuntes en el espacio en blanco de esta hoja mientras escuches. Estos apuntes no serán calificados. Al final de la selección, responderás a una serie de preguntas acerca de lo que acabas de escuchar. Basándote en la información que se da en la selección, elige la MEJOR respuesta de las cuatro opciones escritas en tu libreta de examen y escribe la letra de la opción seleccionada en el cuadro correspondiente de la hoja de respuestas del estudiante.

Write your notes on this page.

27. **¿Cuál es la idea principal del texto?**
    (A) Conocer la posible relación de Cindy con un Mexicano
    (B) Conocer la experiencia de Cindy en la plataforma Espacio
    (C) Conocer los gustos de Cindy
    (D) Conocer las cualidades de Cindy

28. **¿Dónde nació la plataforma Espacio?**
    (A) Puerto Rico
    (B) Costa Rica
    (C) Estados Unidos
    (D) México

29. **¿Dónde reside actualmente Cindy?**
    (A) Costa Rica
    (B) México
    (C) Puerto Rico
    (D) Estados Unidos

30. **De acuerdo con lo que manifiesta Cindy, ¿Es posible que ella tenga una relación con el mexicano?**
    (A) Sí, porque él es decente
    (B) No, porque a ella no le gustan los mexicanos
    (C) Sí, porque es muy atractivo
    (D) No, porque a ella no le gusta formalizar relaciones virtuales

31. **¿Qué habla Cindy acerca de la privacidad de Espacio?**
    (A) Es una plataforma muy insegura y peligrosa
    (B) Es segura y genial
    (C) Es segura, pero no puede bloquear contactos que a ella no le agradan
    (D) Es interesante

32. **¿Cuál es la función de Conex?**
    (A) Por medio de ésta puedes hablar con tus amigos
    (B) Puedes hacer trabajos en línea
    (C) Puedes compartir álbumes y artículos
    (D) Puedes reaccionar a cualquier comentario que te hagan en alguna publicación

33. **¿Cuál es la razón por la que Cindy no ha podido disfrutar del viaje que se ganó?**
    (A) Se encuentra enferma
    (B) No tiene dinero para cubrir los demás gastos
    (C) Está muy apretada con la Universidad
    (D) Tuvo un problema familiar

34. **Según ella ¿Cuándo hará efectivo el viaje?**
    (A) En la época navideña
    (B) El 23 de Diciembre
    (C) El 30 de Diciembre
    (D) El 13 de Diciembre

Sample Test Two

Directions: Read the following passages carefully for comprehension. Each passage is followed by a number of incomplete statements or questions. Select the completion or answer that is best according to the passage and then place the letter of your choice in the corresponding box on the student answer sheet.

Instrucciones: Lee con cuidado cada uno de los pasajes siguientes. Cada pasaje va seguido de varias preguntas u oraciones incompletas. Elige la MEJOR respuesta o terminación, de acuerdo con el pasaje, y escribe la letra de la Opción seleccionada en el cuadro correspondiente de la hoja de respuestas del estudiante.

Las justificaciones perfectas para escribir

El acto de escribir literariamente constituye una de las facultades creativas más sublimes y grandiosas que permite perennizar la vida, los personajes y las situaciones de lo escrito. Decía el fabuloso poeta francés, Charles Baudelaire, que la máxima inteligencia creadora humana es la de los poetas y la de los que construyen historias. Porque la escritura es ese espíritu inmortal que ni se quema, ni se olvida ni se mantiene estático, sino que es una fuerza que permanentemente se innova hasta alcanzar la adecuación y la pertinencia en cada época. **(A)**

Desde que se inventó la escritura hace unos cinco mil años, el hombre ha tratado de perennizar su mundo real, onírico y ficcional a través de los mitos, leyendas, cuentos, apólogos, la poesía misma. El acto de escribir es un acto consustancial de perennizar el ser a través de la palabra escrita. Esta tradición, mantenida por largo tiempo como un aspecto de curioso oficio, empieza a ser premiado y valorado en el siglo pasado (s. XX, 1901) a través de los premios nobeles, lo que le da un aspecto formal y de expectativa. **(B)**

El gran manchego don Quijote, en la inmortal novela de Cervantes, en su afán de buscar andanzas de caballería –dentro de su alocada y deseada locura- era consciente que algún escritor relataría sus aventuras para la posteridad, pues era consciente que "todo ese sacrificio de caballero desentuertador y deshacedor de agravios por los campos de la Mancha", serían premiados con la escritura. De la misma manera, como la historia registra los hechos fácticos y denotativos, el ideal de muchos es estar también metidos en las historias literarias que parecieran ser más imperecederas y meritorias, populares y sociales. Lo que corrobora que la escritura es un acto de perpetuidad y honor a las grandes hazañas, hombres y actitudes. Sin embargo, los aspectos intrínsecos de las motivaciones literarias a escribir han sido tan diversas como los estilos de los escritores: para unos el escribir es una ineludible necesidad humana, para otros un acto de catarsis, para otros un despojo y exorcización de los demonios literarios(Mario Vargas Llosa), para otros matar su insomnio(Emile Ciorán), para otros una estrategia para ganar amigos(Gabriel García Márquez), otros escriben para matar el tiempo, para perennizarse, para ganar prestigio y fama, otros para generar dinero, otros para buscar un espacio con la historia, otros para sí mismo y los amigos íntimos(Jorge Luis Borges). **(C)**

En fin justificaciones para escribir hay tantas como la originalidad de los estilos comentados de los escritores. Pero, todos tienen un eje en común, se escribe para perennizarse, pues al momento de enajenar el texto, a uno le deje de pertenecer la intimidad de la escritura para ser un hecho social y colectivo. Ahora la perdurabilidad e inmanencia del texto, ya no depende del escribir ni del texto en sí, sino de los lectores especializados y de los lectores masivos que son los que sepultan o ensalzan la inmortalidad de la obra y del autor. **(D)**

Hidrogo, Nicolas. Las justificaciones perfectas para escribir (En línea) Disponible en: http://www.slideshare.net/rovich111266/el-arte-de-escribir-de-nicols-hidrogo-microsoft-word (Consultado el 1 de Febrero de 2016)

35. Cuando el autor dice "ni se quema, ni se olvida, ni se mantiene estático" hace referencia a la escritura como:
    (A) Un alma perdida
    (B) Un espíritu inmortal
    (C) Un amplio espectro
    (D) Un aspecto curioso

36. ¿Qué escritor NO aparece cuando se habla acerca de los aspectos intrínsecos de las motivaciones literarias al escribir?
    (A) Gabriel García Márquez
    (B) Jorge Luis Borges
    (C) Mario Vargas Llosa
    (D) Jorge Isaacs

37. Según el pasaje, ¿Qué es lo que se destaca?
    (A) Escribir como acto de amor.
    (B) Escribir para contribuir a la ciencia.
    (C) Escribir como justificación.
    (D) Escribir para perennizarse.

38. Desde que se inventó la escritura hace unos cinco mil años, el hombre ha tratado de perennizar su mundo real, onírico y ficcional a través de:
    (A) Canciones, leyendas, fábulas y cuentos
    (B) Mitos, leyendas, cuentos, apólogos y poesía
    (C) Apólogos, estrofas, rimas y adivinanzas
    (D) Cuentos, composiciones, alegorías y cuentos

39. ¿Qué fabuloso poeta francés decía que "la máxima inteligencia creadora humana es la de los poetas y la de los que construyen historias"?
    (A) Charles Baudelaire
    (B) Victor Hugo
    (C) Alfredd de Musset
    (D) Paul Valery

40. El gran manchego Don Quijote, en la inmortal novela de Cervantes:
    (A) Era consciente de que estaba loco y que la gente iba a hablar de él.
    (B) Era consciente de que algún escritor relataría sus aventuras para la posteridad.
    (C) Era inconsciente de sus aventuras y nunca pensó de que sería premiado con la escritura.
    (D) Era sensato y tenía la seguridad de que relatarían sus hazañas.

41. Según el texto, ¿de qué depende la perdurabilidad e inmanencia del texto?
    (A) De los poetas y de los que construyen historias.
    (B) De las personas a las que no les gusta lccr.
    (C) De los lectores especializados y de los lectores masivos.
    (D) Del escribir y del texto en sí.

42. **¿Qué es el acto de escribir?**

   (A) Es un acto consustancial de perennizar el ser a través de la palabra escrita.

   (B) Es un acto esencial para informar a los seres humanos.

   (C) Es un acto de conciencia para que las personas comprendan que leer es importante.

   (D) Es un acto inmortal a través de las leyendas, mitos y cuentos.

43. **Según la temática central de cada aparte, donde se ubica mejor la siguiente cita "la escritura representa un sistema de mediación semiótica en el desarrollo psíquico humano que implica un proceso consciente y autodirigido hacia objetivos definidos previamente"(Vygotsky citado por Valery, 2000, p. 40) tomado de: http://www.redalyc.org/pdf/356/35630908.pdf.**

   (A) Pasaje (A)

   (B) Pasaje (B)

   (C) Pasaje (C)

   (D) Pasaje (D)

La Regenta: I

La heroica ciudad dormía la siesta. El viento Sur, caliente y perezoso, empujaba las nubes blanquecinas que se rasgaban al correr hacia el Norte. En las calles no había más ruido que el rumor estridente de los remolinos de polvo, trapos, pajas y papeles que iban de arroyo en arroyo, de acera en acera, de esquina en esquina revolando y persiguiéndose, como mariposas que se buscan y huyen y que el aire envuelve en sus pliegues invisibles. **(A)** Cual turbas de pilluelos, aquellas migajas de la basura, aquellas sobras de todo se juntaban en un montón, parábanse como dormidas un momento y brincaban de nuevo sobresaltadas, dispersándose, trepando unas por las paredes hasta los cristales temblorosos de los faroles, otras hasta los carteles de papel mal pegado a las esquinas, y había pluma que llegaba a un tercer piso, y arenilla que se incrustaba para días, o para años, en la vidriera de un escaparate, agarrada a un plomo. **(B)**

Vetusta, la muy noble y leal ciudad, corte en lejano siglo, hacía la digestión del cocido y de la olla podrida, y descansaba oyendo entre sueños el monótono y familiar zumbido de la campana de coro, que retumbaba allá en lo alto de la esbelta torre en la Santa Basílica. La torre de la catedral, poema romántico de piedra, delicado himno, de dulces líneas de belleza muda y perenne, era obra del siglo diez y seis, aunque antes comenzada, de estilo gótico, pero, cabe decir, moderado por un instinto de prudencia y armonía que modificaba las vulgares exageraciones de esta arquitectura. **(C)** La vista no se fatigaba contemplando horas y horas aquel índice de piedra que señalaba al cielo; no era una de esas torres cuya aguja se quiebra de sutil, más flacas que esbeltas, amaneradas, como señoritas cursis que aprietan demasiado el corsé; era maciza sin perder nada de su espiritual grandeza, y hasta sus segundos corredores, elegante balaustrada, subía como fuerte castillo, lanzándose desde allí en pirámide de ángulo gracioso, inimitable en sus medidas y proporciones. Como haz de músculos y nervios la piedra enroscándose en la piedra trepaba a la altura, haciendo equilibrios de acróbata en el aire; y como prodigio de juegos malabares, en una punta de caliza se mantenía, cual imantada, una bola grande de bronce dorado, y encima otra más pequeña, y sobre esta una cruz de hierro que acababa en pararrayos. **(D)**

Leopoldo Alas Clarín, Alianza Editorial, 1998.

44. ¿Cómo se llama la ciudad de la que habla el texto?

(A) Venecia

(B) Verona

(C) Vetusta

(D) Viena

45. ¿La torre de la catedral era obra de qué siglo?

(A) XVIII.

(B) XV.

(C) XVI.

(D) XX.

46. ¿Qué característica NO es propia de la torre de la catedral?

(A) Noble

(B) Perenne

(C) Maciza

(D) Elegante

47. ¿Qué da a entender el autor con "*no había más ruido que el rumor estridente de los remolinos de polvo*?

(A) La basura en las aceras

(B) La soledad de las calles

(C) El sonido del aire

(D) El silencio en las calles

48. ¿Éste qué tipo de texto es?

(A) Histórico

(B) Literario

(C) Informativo

(D) Científico

49. ¿A qué se refiere el autor cuando dice "*poema romántico de piedra, delicado himno, de dulces líneas de belleza muda y perenne*"?

(A) A la ciudad

(B) A la noche

(C) A la cruz de hierro

(D) A la torre de la catedral

50. Por el contenido del texto, se puede deducir que es de tipo:

(A) Histórico

(B) Psicológico

(C) Social

(D) Ninguno de las anteriores

51. ¿En qué tipo de publicación sería más apropiado incluir este texto?

(A) En un libro de aventuras

(B) En un diario personal

(C) En una novela

(D) En un libro de poemas

52. La siguiente oración se puede añadir al texto: "*Cuando en las grandes solemnidades el cabildo mandaba iluminar la torre con faroles de papel y vasos de colores, parecía bien, destacándose en las tinieblas, aquella romántica mole; pero perdía con estas galas la inefable elegancia de su perfil y tomaba los contornos de una enorme botella de champaña*". ¿En qué pasaje quedaría mejor?

(A) Posición A (línea 8)

(B) Posición B (línea 16)

(C) Posición C (línea 27)

(D) Posición D (línea 40)

Los trucos que usan los comerciantes para hacernos comprar más
Caprichos millonarios

Un estudio revela que en Reino Unido, por ejemplo, nueve de cada diez personas hacen al menos una compra impulsiva, no prevista, cada vez que van a un almacén.

Lo que a lo largo de una vida puede equivaler a cerca de US$80.000 en compras de productos que realmente no necesitábamos, o que al menos no planeábamos comprar.

Por lo que no resulta sorpresivo que las grandes tiendas han desarrollado grandes conocimientos y métodos para "guiar" nuestros caprichos hacia sus intereses comerciales.

Algunos lo llaman "mercadeo sensorial", técnicas que buscan influir en el estado de ánimo de los compradores para convencerlos, subconscientemente, de gastar más dinero. **(A)**

Naga Munchetty, reportera del programa televisivo de la BBC "What to buy and why" (Qué comprar y por qué), les preguntó a 20 de las principales cadenas de almacenes británicas si empleaban estos métodos.

"Cuatro de ellas me dijeron que no, mientras que las demás se negaron a realizar comentarios al respecto", señala nuestra reportera.

Dimitrios Tsivrikos, catedrático del University College de Londres, es un experto en psicología aplicada al mercadeo.

No se sorprende que muchas personas ignoren que están siendo manipuladas. "Todo el sentido de estas técnicas es precisamente que no sean detectables", le dice a la BBC. **(B)**

Todos los sentidos

Las técnicas se acercan al consumidor por todos los sentidos. Para comenzar, el olfato.

Muchas tiendas usan aromatizadores en sus locales.

"Una de las primeras cosas que te golpea cuando entras a una tienda es el aroma, que busca prepararte para gastar más".

El olfato está conectado a la memoria, como bien lo saben las tiendas, asegura nuestra reportera".

"Muchos aromas los asociamos con un recuerdo agradable, tal vez unas vacaciones. No es necesariamente el aroma lo que te hace comprar más, sino las asociaciones que haces en tu mente con ese aroma".

Pero sigamos con las señales visuales. Tal vez no hayamos notado que muchos de los anuncios señalando rebajas están en rojo.

"Un color que normalmente nos lleva a tomar una acción. En un ambiente comercial, alimenta nuestro temor de pernos una oportunidad", dice Tsivrikos. **(C)**

Este artículo apareció en www.BBCMundo.com el 17 de Febrero de 2016.

Tocar es comprar
De ahí pasamos al sentido táctil.

"Al final de un riel con ropa, es frecuente que pongan un artículo que invite a manipularlo", dice el experto. "Hay estudios que muestran que mientras más tocamos un producto, es más probable que lo compremos".

Y, por supuesto, está el sonido. La música que se escucha en el almacén es frecuentemente parte integral de la estrategia de ventas.

"El ritmo de la música es muy importante. Cuando los comerciantes quieren que te quedes un largo rato y disfrutes el rato con ellos, pueden tocar música muy lenta. Cuando quieren que te muevas rápido, pondrán música de ritmo acelerado", dice el catedrático.

Pero, ¿en qué situación querrían que el cliente se mueva rápido?

"Por ejemplo en las tiendas muy grandes. Pueden querer que te muevas a otras partes del almacén, a gastar tu dinero ahí", puntualiza Tsivrikos.

De modo que las técnicas de mercadeo sensorial están por todos lados, atacando todos nuestros sentidos, recuerda Naga Munchetty de la BBC.

Vale la pena tenerlo en cuenta la próxima vez que sintamos una urgencia inesperada por comprar algo. **(D)**

Reprinted by permission of BBCMundo.com http://www.bbc.com/mundo/noticias/2016/02/160217_economia_trucos_mercadeo_almacenes_lf

Sample Test Two

53. **¿Qué es lo que llaman "mercadeo sensorial"?**

    (A) Son técnicas con las que influyen en los compradores para que gasten dinero.

    (B) Son acciones con las que buscan que las personas ingresen a las tiendas.

    (C) Son herramientas para estimular los sentidos del consumidor y animarlo.

    (D) Son conocimientos para satisfacer los caprichos de los clientes.

54. **¿Por cuales sentidos las técnicas se acercan al consumidor?**

    (A) Gusto y olfato.

    (B) Tacto y gusto.

    (C) Olfato y tacto.

    (D) Todos los sentidos.

55. **Según el texto, ¿cuál es el color que nos lleva a tomar una acción?**

    (A) Azul

    (B) Rojo

    (C) Anaranjado

    (D) Amarillo

56. **¿De qué forma estimulan el olfato para que el consumidor gaste más?**

    (A) Exhiben frutas de varios tipos en sus locales.

    (B) Humedecen sus productos con perfumes.

    (C) Colocan flores en la entrada de los almacenes.

    (D) Usan aromatizadores en sus locales.

57. **¿Qué se dice acerca del olfato en el texto?**

    (A) Según lo que olamos marcará nuestras vidas.

    (B) Está conectado a la memoria.

    (C) Es una técnica invisible para que las personas compren.

    (D) Es utilizado en el Marketing para atraer compradores.

58. **Completa la frase "hay estudios que muestran que mientras más tocamos un producto":**

    (A) Más nos enamoramos de él.

    (B) Mejor lo sentimos.

    (C) Es más probable que lo compremos.

    (D) Más difícil decidir si lo compramos.

59. **De acuerdo al texto, el ritmo de la música puede variar dependiendo de:**

    (A) La temporada comercial en la que se encuentre el almacén.

    (B) Los deseos del comerciante.

    (C) El gusto musical del cliente.

    (D) La emisora radial que sintonicen en el almacén,

60. **Según lo leído, ¿a qué tipo de artículo corresponde?**

    (A) A un artículo científico.

    (B) A un artículo editorial.

    (C) A un artículo de divulgación.

    (D) A un artículo de opinión.

61. **Lo siguiente hace referencia al tema central del pasaje:**

    (A) Los almacenes buscan vender de cualquier forma.

    (B) Las empresas revelan cómo atraen los clientes.

    (C) El olfato como estrategia de mercadeo.

    (D) Los grandes comerciantes usan música para ambientar los locales.

El establo de Eva

Adán se pasaba los días destripando terrones y temblando por sus cosechas; Eva arreglaba, en la puerta de su masía, sus zagalejos de hojas . . ., y cada año un chiquillo más formándose en tomo de ellos un enjambre de bocas que sólo sabían pedir pan, poniendo en un apuro al pobre padre.

De cuando en cuando revoloteaba por allí algún serafín, que venía a dar un vistazo al mundo para contar al Señor cómo andaban las cosas de aquí abajo después del primer pecado. **(A)**

–¡Niño! . . . ¡Pequeñín! -gritaba Eva con la mejor de sus sonrisas-. ¿Vienes de arriba? ¿Cómo está el Señor? Cuando le hables, dile que estoy arrepentida de mi desobediencia . . . ¡Tan ricamente que lo pasábamos en el Paraíso! . . . Dile que trabajamos mucho, y sólo deseamos volver a verle para convencernos de que no nos guarda rencor.

–Se hará como se pide -contestaba el serafín.

Y con dos golpes de ala, visto y no visto, se perdía entre las nubes. Menudeaban los recados de este género, sin que Eva fuese atendida. El Señor permanecía invisible, y según noticias, andaba muy ocupado en el arreglo de sus infinitos dominios, que no le dejaban un momento de reposo. **(B)**

Una mañana, un correveidile celeste se detuvo ante la masía.

–Oye, Eva: si esta tarde hace buen tiempo, es posible que el señor baje a dar una vueltecita. Anoche, hablando con el arcángel Miguel, preguntaba: «¿Qué será de aquellos perdidos?»

Eva quedó como anonadada por tanto honor. Llamó a gritos a Adán, que estaba en un bancal vecino doblando, como siempre, el espinazo. ¡La que se armó en la casa! Lo mismo que en víspera de la fiesta del pueblo, cuando las mujeres vuelven de Valencia con sus compras. **(C)** Eva barrió y regó la entrada de la masía, la cocina y los estudios; puso a la cama la colcha nueva, fregoteó las sillas con jabón y tierra, y entrando en el aseo de las personas,

se plantó su mejor saya, endosando a Adán una casaquilla de hojas de higuera que le había arreglado para los domingos. **(D)**

Excerpt from: "El establo de Eva"
Vicente Blasco Ibáñez

62. **¿En qué lugar se desarrolla la historia?**
   (A) En el paraíso.
   (B) En el mundo.
   (C) En el cielo.
   (D) En ninguna de las anteriores.

63. **¿Qué estaba haciendo Eva según el pasaje?**
   (A) Esperando a un serafín.
   (B) Mandándole un mensaje al Señor.
   (C) Regañando a Adán.
   (D) Organizando todo en el paraíso.

64. **¿Adán cómo se pasaba los días?**
   (A) Temblando por sus cosechas.
   (B) Mandándole mensajes al arcángel.
   (C) Trabajando en los quehaceres del mundo.
   (D) Hablando con Eva acerca de sus hijos.

65. **¿Qué sentimiento predomina en el pasaje?**
   (A) Angustia.
   (B) Nostalgia.
   (C) Rencor.
   (D) Alegría.

66. **Según el texto, ¿quién le dijo a Eva: "si esta tarde hace buen tiempo, es posible que el señor baje a dar una vueltecita"?**
   (A) Un arcángel del cielo.
   (B) Un vecino chismoso.
   (C) Un correveidile celeste.
   (D) Un noble serafín.

67. **Según el pasaje, ¿entre quienes se desarrolla el diálogo?**
   (A) Adán y el Señor.
   (B) Eva y el serafín.
   (C) Adán y Eva.
   (D) Eva y Adán.

68. ¿A qué se refiere el autor con: "*un enjambre de bocas que sólo sabían pedir pan*"?

(A) A niños hambrientos.

(B) A arcángeles que iban a pedir comida.

(C) A Eva que le gustaba mucho el pan.

(D) A hijos que necesitaban comer.

69. ¿Cuál es el nombre del arcángel que aparece en el texto?

(A) Gabriel.

(B) Leonel.

(C) Miguel.

(D) Daniel.

70. La siguiente frase se puede añadir al texto: "Aquel día Eva alzó su mirada y lo alcanzó a ver" ¿Dónde quedaría mejor la frase?

(A) Pasaje A

(B) Pasaje B

(C) Pasaje C

(D) Pasaje D

ANSWER KEY for Sample Test Two

Question Number	Correct Answer	Your Answer
1	A	
2	A	
3	A	
4	D	
5	B	
6	D	
7	B	
8	C	
9	C	
10	C	
11	C	
12	B	
13	C	
14	D	
15	C	
16	D	
17	A	
18	B	
19	B	
20	B	
21	C	
22	C	
23	D	
24	C	

Question Number	Correct Answer	Your Answer
25	B	
26	C	
27	B	
28	C	
29	C	
30	C	
31	C	
32	B	
33	C	
34	D	
35	B	
36	D	
37	D	
38	B	
39	A	
40	B	
41	C	
42	A	
43	A	
44	C	
45	C	
46	A	
47	D	

Question Number	Correct Answer	Your Answer
48	B	
49	D	
50	B	
51	C	
52	D	
53	A	
54	D	
55	B	
56	D	
57	B	
58	C	
59	B	
60	D	
61	C	
62	B	
63	B	
64	A	
65	B	
66	C	
67	B	
68	D	
69	C	
70	B	

EXPLANATIONS for Sample Test Two

Listening: Dialogues and Narratives

35. Cuando el autor dice "ni se quema, ni se olvida, ni se mantiene estático" hace referencia a la escritura como:
    (A) Un alma perdida
    (B) Un espíritu inmortal
    (C) Un amplio espectro
    (D) Un aspecto curioso

    La respuesta correcta es la B.
    La respuesta correcta es la B, porque en el pasaje (A) del texto, el autor define la escritura como un espíritu inmortal que ni se quema ni se olvida, ni se mantiene estático.

36. ¿Qué escritor NO aparece cuando se habla acerca de los aspectos intrínsecos de las motivaciones literarias al escribir?
    (A) Gabriel García Márquez
    (B) Jorge Luis Borges
    (C) Mario Vargas Llosa
    (D) Jorge Isaacs

    La respuesta correcta es la D.
    La respuesta correcta es la D, debido a que en el pasaje (C) nombran los estilos de de escribir de Gabriel García Márquez, jorge Luis Borges y Mario Vargas Llosa excepto Jorge Isaacs.

37. Según el pasaje, ¿Qué es lo que se destaca?
    (A) Escribir como acto de amor.
    (B) Escribir para contribuir a la ciencia.
    (C) Escribir como justificación.
    (D) Escribir para perennizarse.

    La respuesta correcta es la D.
    La respuesta correcta es la D, porque según el texto éste el objetivo final de quien escribe para hacer de la escritura un hecho social y colectivo.

38. Desde que se inventó la escritura hace unos cinco mil años, el hombre ha tratado de perennizar su mundo real, onírico y ficcional a través de:
    (A) Canciones, leyendas, fábulas y cuentos
    (B) Mitos, leyendas, cuentos, apólogos y poesía
    (C) Apólogos, estrofas, rimas y adivinanzas
    (D) Cuentos, composiciones, alegorías y cuentos

    La respuesta correcta es la B.
    La respuesta correcta es la B, puesto que en el segundo párrafo afirma que el hombre ha tratado de perennizar su mundo a través de mitos, leyendas, cuentos, apólogos y poesía.

39. ¿Qué fabuloso poeta francés decía que "la máxima inteligencia creadora humana es la de los poetas y la de los que construyen historias"?
    (A) Charles Baudelaire
    (B) Victor Hugo
    (C) Alfredd de Musset
    (D) Paul Valery

    La respuesta correcta es la A.
    La respuesta correcta es la A, porque en el primer párrafo afirma que Charles Baudelaire decía esta frase.

40. El gran manchego Don Quijote, en la inmortal novela de Cervantes:
    (A) Era consciente de que estaba loco y que la gente iba a hablar de él.
    (B) Era consciente de que algún escritor relataría sus aventuras para la posteridad.
    (C) Era inconsciente de sus aventuras y nunca pensó de que sería premiado con la escritura.
    (D) Era sensato y tenía la seguridad de que relatarían sus hazañas.

La respuesta correcta es la B.

La respuesta correcta es la B, porque gracias al sacrificio del caballero Don quijote de la Mancha sería premiados por la escritura, por lo tanto su historia sería relatada para la posteridad.

41. **Según el texto, ¿de qué depende la perdurabilidad e inmanencia del texto?**
    (A) De los poetas y de los que construyen historias.
    (B) De las personas a las que no les gusta leer.
    (C) De los lectores especializados y de los lectores masivos.
    (D) Del escribir y del texto en sí.

La respuesta correcta es la C.

La respuesta correcta es la C, porque la perdubalidad del texto depende enteramente de aquellos lectores masivos y especializados que son los que finalmente sepultan o ensalzan la obra.

42. **¿Qué es el acto de escribir?**
    (A) Es un acto consustancial de perennizar el ser a través de la palabra escrita.
    (B) Es un acto esencial para informar a los seres humanos.
    (C) Es un acto de conciencia para que las personas comprendan que leer es importante.
    (D) Es un acto inmortal a través de las leyendas, mitos y cuentos.

La respuesta correcta es la A.

La respuesta correcta es la A, porque en el primer párrafo el autor afirma que el acto de escribir permite perennizar la vida.

43. **Según la temática central de cada aparte, donde se ubica mejor la siguiente cita "la escritura representa un sistema de mediación semiótica en el desarrollo psíquico humano que implica un proceso consciente y autodirigido hacia objetivos definidos previamente"(Vygotsky citado por Valery, 2000, p. 40) tomado de: http://www.redalyc.org/pdf/356/35630908.pdf.**
    (A) Pasaje (A)
    (B) Pasaje (B)
    (C) Pasaje (C)
    (D) Pasaje (D)

La respuesta correcta es la A.

La respuesta correcta es la A, porque en este pasaje (A), esta cita une las ideas correspondientes a la definición del acto de escribir.

44. **¿Cómo se llama la ciudad de la que habla el texto?**
    (A) Venecia
    (B) Verona
    (C) Vetusta
    (D) Viena

La respuesta correcta es la C.

La respuesta correcta es la C, porque en el segundo párrafo mencionan Vetusta como una ciudad noble y leal.

45. **¿La torre de la catedral era obra de qué siglo?**
(A) XVIII.
(B) XV.
(C) XVI.
(D) XX.

La respuesta correcta es la C.
La respuesta correcta es la C, porque en el segundo párrafo afirmar que era obra del siglo XVI.

46. **¿Qué característica NO es propia de la torre de la catedral?**
(A) Noble
(B) Perenne
(C) Maciza
(D) Elegante

La respuesta correcta es la A.
La respuesta correcta es la A, debido a que la nobleza hace referencia a la ciudad y no a la torre de la Catedral.

47. **¿Qué da a entender el autor con *"no había más ruido que el rumor estridente de los remolinos de polvo*?**
(A) La basura en las aceras
(B) La soledad de las calles
(C) El sonido del aire
(D) El silencio en las calles

La respuesta correcta es la D.
La respuesta correcta es la D, porque en el primer párrafo el autor anota que en las calles no había más ruido que el de trapos, pajas etc en la calle.

48. **¿Éste qué tipo de texto es?**
(A) Histórico
(B) Literario
(C) Informativo
(D) Científico

La respuesta correcta es la B.
La respuesta correcta es la B, debido a que un texto literario donde predomina la función poética del lenguaje y a la capacidad de crear mundos bellos e imaginarios.

49. **¿A qué se refiere el autor cuando dice *"poema romántico de piedra, delicado himno, de dulces líneas de belleza muda y perenne*"?**
(A) A la ciudad
(B) A la noche
(C) A la cruz de hierro
(D) A la torre de la catedral

La respuesta correcta es la D.
La respuesta correcta es la D, porque en el segundo párrafo el autor define la catedral con estas palabras.

50. **Por el contenido del texto, se puede deducir que es de tipo:**
(A) Histórico
(B) Psicológico
(C) Social
(D) Ninguno de las anteriores

La respuesta correcta es la B.

51. **¿En qué tipo de publicación sería más apropiado incluir este texto?**

    (A) En un libro de aventuras

    (B) En un diario personal

    (C) En una novela

    (D) En un libro de poemas

    La respuesta correcta es la C.

52. **La siguiente oración se puede añadir al texto: "*Cuando en las grandes solemnidades el cabildo mandaba iluminar la torre con faroles de papel y vasos de colores, parecía bien, destacándose en las tinieblas, aquella romántica mole; pero perdía con estas galas la inefable elegancia de su perfil y tomaba los contornos de una enorme botella de champaña*". ¿En qué pasaje quedaría mejor?**

    (A) Posición A (línea 8)

    (B) Posición B (línea 16)

    (C) Posición C (línea 27)

    (D) Posición D (línea 40)

    La respuesta correcta es la D.

53. **¿Qué es lo que llaman "mercadeo sensorial"?**

    (A) Son técnicas con las que influyen en los compradores para que gasten dinero.

    (B) Son acciones con las que buscan que las personas ingresen a las tiendas.

    (C) Son herramientas para estimular los sentidos del consumidor y animarlo.

    (D) Son conocimientos para satisfacer los caprichos de los clientes.

    La respuesta correcta es la A.
    La respuesta correcta es la A, porque el mercado sensorial apunta a las estrategias de los comerciantes para influir en el estado de ánimo de las personas para convencerlos de gastar más dinero.

54. **¿Por cuales sentidos las técnicas se acercan al consumidor?**

    (A) Gusto y olfato.

    (B) Tacto y gusto.

    (C) Olfato y tacto.

    (D) Todos los sentidos.

    La respuesta correcta es la D.
    La respuesta correcta es la D, los comerciantes logran llegar al consumidor por medio de todos sus sentidos para captar su atención en sus productos.

55. **Según el texto, ¿cuál es el color que nos lleva a tomar una acción?**

    (A) Azul

    (B) Rojo

    (C) Anaranjado

    (D) Amarillo

    La respuesta correcta es la B.
    La respuesta correcta es la B, porque además de que el texto lo anuncia, el color rojo logra captar la atención del consumidor.

56. **¿De qué forma estimulan el olfato para que el consumidor gaste más?**

    (A) Exhiben frutas de varios tipos en sus locales.

    (B) Humedecen sus productos con perfumes.

    (C) Colocan flores en la entrada de los almacenes.

    (D) Usan aromatizadores en sus locales.

    La respuesta correcta es la D.
    La respuesta correcta es la D, porque muchos comerciantes usan aromatizadores en sus locales para estimular el sentido del olfato del consumidor.

57. **¿Qué se dice acerca del olfato en el texto?**
   (A) Según lo que olamos marcará nuestras vidas.
   (B) Está conectado a la memoria.
   (C) Es una técnica invisible para que las personas compren.
   (D) Es utilizado en el Marketing para atraer compradores.

   La respuesta correcta es la B.
   La respuesta correcta es la B, porque el sentido del olfato está conectado con la memoria debido a que cada vez que se produce un olor, las personas lo asocian con un recuerdo agradable.

58. **Completa la frase "hay estudios que muestran que mientras más tocamos un producto":**
   (A) Más nos enamoramos de él.
   (B) Mejor lo sentimos.
   (C) Es más probable que lo compremos.
   (D) Más difícil decidir si lo compramos.

   La respuesta correcta es la C.
   La respuesta correcta es la C, porque en el segundo párrafo de "Tocar es comprar" el autor hace alusión a esta frase.

59. **De acuerdo al texto, el ritmo de la música puede variar dependiendo de:**
   (A) La temporada comercial en la que se encuentre el almacén.
   (B) Los deseos del comerciante.
   (C) El gusto musical del cliente.
   (D) La emisora radial que sintonicen en el almacén,

   La respuesta correcta es la B.

60. **Según lo leído, ¿a qué tipo de artículo corresponde?**
   (A) A un artículo científico.
   (B) A un artículo editorial.
   (C) A un artículo de divulgación.
   (D) A un artículo de opinión.

   La respuesta correcta es la D.

61. **Lo siguiente hace referencia al tema central del pasaje:**
   (A) Los almacenes buscan vender de cualquier forma.
   (B) Las empresas revelan cómo atraen los clientes.
   (C) El olfato como estrategia de mercadeo.
   (D) Los grandes comerciantes usan música para ambientar los locales.

   La respuesta correcta es la C.

62. **¿En qué lugar se desarrolla la historia?**
   (A) En el paraíso.
   (B) En el mundo.
   (C) En el cielo.
   (D) En ninguna de las anteriores.

   La respuesta correcta es la B.

63. **¿Qué estaba haciendo Eva según el pasaje?**
   (A) Esperando a un serafín.
   (B) Mandándole un mensaje al Señor.
   (C) Regañando a Adán.
   (D) Organizando todo en el paraíso.

   La respuesta correcta es la B.

64. **¿Adán cómo se pasaba los días?**
   (A) Temblando por sus cosechas.
   (B) Mandándole mensajes al arcángel.
   (C) Trabajando en los quehaceres del mundo.
   (D) Hablando con Eva acerca de sus hijos.

   La respuesta correcta es la A.

65. ¿Qué sentimiento predomina en el pasaje?

(A) Angustia.

(B) Nostalgia.

(C) Rencor.

(D) Alegría.

La respuesta correcta es la B.

66. Según el texto, ¿quién le dijo a Eva: *"si esta tarde hace buen tiempo, es posible que el señor baje a dar una vueltecita"*?

(A) Un arcángel del cielo.

(B) Un vecino chismoso.

(C) Un correveidile celeste.

(D) Un noble serafín.

La respuesta correcta es la C.

67. Según el pasaje, ¿entre quienes se desarrolla el diálogo?

(A) Adán y el Señor.

(B) Eva y el serafín.

(C) Adán y Eva.

(D) Eva y Adán.

La respuesta correcta es la B.

68. ¿A qué se refiere el autor con: *"un enjambre de bocas que sólo sabían pedir pan"*?

(A) A niños hambrientos.

(B) A arcángeles que iban a pedir comida.

(C) A Eva que le gustaba mucho el pan.

(D) A hijos que necesitaban comer.

La respuesta correcta es la D.

69. ¿Cuál es el nombre del arcángel que aparece en el texto?

(A) Gabriel.

(B) Leonel.

(C) Miguel.

(D) Daniel.

La respuesta correcta es la C.

70. La siguiente frase se puede añadir al texto: "Aquel día Eva alzó su mirada y lo alcanzó a ver" ¿Dónde quedaría mejor la frase?

(A) Pasaje A

(B) Pasaje B

(C) Pasaje C

(D) Pasaje D

La respuesta correcta es la B.

Free Response Questions 1

TASK 1: E-Mail Reply

You will write a reply to an e-mail message. You have 15 minutes to read the message and write your reply. The reply should include a greeting and a closing and should respond to all the questions and requests in the message. In your reply, you should also ask for more details about something mentioned in the message. Also, you should use a formal form of address.

A continuación se te pedirá que redactes la respuesta a un correo electrónico. Tendrás 15 minutos para realizarlo. La respuesta deberá incluir un saludo inicial y una despedida. Además, deberá responder a todas las preguntas y peticiones del mensaje. En tu respuesta deberás pedir más información acerca de lo mencionado en el mensaje. La respuesta debe ser de manera formal.

Tema curricular: <u>La vida contemporánea</u>

Introducción:

A continuación se muestra el correo electrónico por parte de la Organización de las Naciones Unidas (ONU) para formar parte de su equipo de voluntariado. Has recibido este mensaje ya que aplicaste para su programa de estudiantes voluntarios.

De: Organización de las Naciones Unidas
Para: Participante programa de voluntariado

Estimado Voluntario/Voluntaria:

La Organización de las Naciones Unidas agradece el interés mostrado para formar parte del programa de voluntarios del presente año. Mismo que se llevará a cabo en la ciudad de Nueva York.

El programa tiene diversas áreas en las que usted pudiese participar, de acuerdo a su perfil.

Hemos recibido su aplicación y nos gustaría conocer más sobre usted. Por lo tanto, podría especificar ¿Por qué le gustaría formar parte de nuestro equipo? Además de comentarnos sobre algún logro que usted haya logrado en el pasado que sea relevante para tomarlo en cuenta como parte de nuestro equipo.

Por último nos gustaría saber ¿En cuál de las siguientes áreas le interesaría participar y por qué?:

Administración.
Logística.
Mercadotecnia.
Recursos Humanos.

De antemano agradecemos su tiempo e interés. Esperamos recibir su respuesta lo antes posible.

Atentamente,
Departamento de reclutamiento de la ONU,
Nueva York, NY.

TASK 2: Presentational Writing: Persuasive Essay

You have 1 minute to read the directions for this task.

In this section of the exam you will write a persuasive essay to submit to a Spanish writing contest. The essay topic is based on three accompanying sources, which present different viewpoints on the topic and include both print and audio material. First, you will have 6 minutes to read the essay topic and the printed material. Afterward, you will hear the audio material twice: you should take notes while you listen. Then, you will have 40 minutes to prepare and write your essay.

In the persuasive essay, you should present the sources different viewpoints on the topic and also clearly indicate your own viewpoint and defend it thoroughly. Use information from all the sources to support your essay. As you refer to the sources, identify them appropriately. Also, organize your essay into clear paragraphs.

Tienes 1 minuto para leer las instrucciones de este ejercicio.

En esta sección del examen escribirás un ensayo persuasivo para un concurso de redacción en Español. El tema del ensayo se basa en las dos fuentes adjuntas. Tendrás 6 minutos para leer el tema del ensayo y los textos. Luego, tendrás 40 minutos para preparar y escribir tu ensayo.

En un ensayo persuasivo se debe presentar los diferentes puntos de vista de las fuentes sobre el tema, expresar tu propio punto de vista y apoyarlo. Usa información de todas las fuentes para apoyar tu punto de vista. Al referirte a las fuentes, identifícalas apropiadamente. Organiza también el ensayo en distintos párrafos bien desarrollados.

Time – 55 minutes, approxiamtely

Tema curricular: La ciencia y la tecnología

Tienes 6 minutos para leer el ensayo; la fuente número 1 y la fuente número 2.

Tema del ensayo:

"Bioética: Clonación de humanos"

FUENTE NÚMERO 1

Introducción

El siguiente es un fragmento obtenido del sitio www.portaley.com sobre los avances biotecnológicos y sus ventajas.

De todos los problemas bioéticos planteados por la ingeniería genética hay uno que se ha convertido últimamente en el centro de debate público: la clonación.

La clonación es una forma de reproducción no sexual, que se da naturalmente en muchas plantas junto a la reproducción sexual y que, a diferencia de esta última, produce copias genéticas exactas de la planta originaria. Los ejemplos mas conocidos son las patatas y las fresas.

La naturaleza produce de modo natural clones, sin intermediación humana de ningún tipo, como es el caso de los gemelos monocigotos que comparten una información genética idéntica debido a una división espontánea del zigoto.

Clonar significa crear un ser vivo idéntico a otro, a partir de una célula del individuo original.

¿Qué usos o utilidades tiene la clonación?

En el ámbito de la medicina y la investigación médica:
— Mejorar el conocimiento genético y psicológico.
— Disponer de modelos de enfermedades humanas.
— Producir a bajo coste proteínas para su posible uso terapéutico.
— Suministrar órganos o tejidos para trasplantes.

FUENTE NÚMERO 2

Introducción

El siguiente es un fragmento obtenido del sitio www.portaley.com sobre los avances biotecnológicos como la clonación desde una perspectiva moral y ética.

Clonación humana

El primer experimento de clonación en embriones humanos del cual se tiene noticia es el realizado en 1993 por Jeny Hall y Robert Stilman, de la Universidad de George Washington. Habían conseguido embriones humanos mediante la división artificial de un óvulo fecundado, pero no llegaron a desarrollarse.

Esto ha provocado un gran número de reacciones desde todos los ámbitos, la mayoría de las instituciones internacionales, de los gobiernos, de las iglesias y de la opinión pública se decantan por la no clonación humana.

La pregunta que se plantea ahora es ¿debe hacerse lo que puede hacerse? La respuesta a la misma no es unánime:

Renato Dulbecco, Premio Nobel de Medicina, ha declarado que "es un error excluir a priori el realizar experimentos de clonación con humanos, porque esta técnica podría ser útil para solucionar problemas tan importantes como los trasplantes" Para él, sería por tanto válido clonar a seres humanos con el fin de utilizar posteriormente sus órganos. Entonces, ¿sería lícito decidir tener un hijo para utilizarlo como donante de médula ósea con el fin de salvar la vida a un hermano con leucemia?

Spanish Language and Culture

Time: Approximately 18 minutes

This part requires spoken responses. Your cue to start or stop speaking will always be this tone.

You have 1 minute to read the directions for this part,

Your spoken responses will be recorded. Your score will be based on what you record. It is important that you speak loudly enough and clearly enough for the machine to record what you say. You will be asked to start, pause and stop your recorder at various points during the exam. Follow the directions and start, pause or stop the recorder only when you are told to do so. Remember that the tone is a cue only to start or stop speaking – not to start or stop the recorder.

You will now begin this task.

La siguiente parte requiere respuestas orales. La señal para empezar o dejar de hablar siempre será este tono.

Tienes 1 minuto para leer las instrucciones de esta parte.

Tus respuestas orales serán grabadas. Tu calificación se basará en lo que grabes. Es importante que hables lo suficientemente alto y claro para que se graben tus respuestas. Durante el examen, se te pedirá que pongas en marcha, hagas una pausa o pares la grabación. Sigue las instrucciones poniendo la grabadora en marcha, haciendo una pausa o parándola cuando se indique. Recuerda que el tono es una señal para empezar o dejar de hablar, no para poner la grabadora en marcha o pararla.

Ahora vas a comenzar esta parte.

TASK 3: Conversation

You have 1 minute to read the directions for this task.

You will participate in a conversation. First, you will have 1 minute to read a preview of the conversation, including an outline of each turn in the conversation. Afterward, the conversation will begin, following the outline. Each time it is your turn to speak, you will have 20 seconds to record your response.

You should participate in the conversation as fully and appropriately as possible.

Tienes 1 minuto para leer las instrucciones de este ejercicio.

Vas a participar en una conversación. Primero, vas a tener 1 minuto para leer la introducción y el esquema de la conversación. Después, comenzará la conversación, siguiendo el esquema. Cada vez que te corresponda participar en la conversación vas a tener 20 segundos para grabar tu respuesta.

Debes participar de la manera más completa y apropiada posible.

Ahora vas a empezar este ejercicio.

Tema Curricular: La vida contemporánea

Tienes 1 minuto para leer la introducción.

Introducción

Esta es una conversación con Mónica, una compañera de la universidad quien está por realizar una investigación acerca de las redes sociales y el impacto sobre la vida de los jóvenes. Por lo que te pide tu opinión al respecto.

Mónica	Te saluda y te explica acerca de la investigación.
Tú	Respondes al saludo y haces un comentario positivo acerca del proyecto.
Mónica	Continúa con la conversación y te pide tu opinión al respecto.
Tú	Respondes dando tu opinión.
Mónica	Te pide que expliques los beneficios.
Tú	Respondes enlistando los beneficios.
Mónica	Te agradece y se despide
Tú	Respondes al saludo de despedida de manera cortés.

STOP

TASK 4: *Cultural Comparison*

You have 1 minute to read the directions for this task.

You will make an oral presentation on a specific topic to your class. You will have 4 minutes to read the presentation topic and prepare your presentation. Then you will have 2 minutes to record your presentation.

In your presentation, compare your own community to an area of the Spanish-speaking world with which you are familiar. You should demonstrate your understanding of cultural features of the Spanish-speaking world. You should also organize your presentation clearly.

You will now begin your task.

Tienes 1 minuto para leer las instrucciones de este ejercicio.

Vas a dar una presentación oral a tu clase sobre un tema cultural. Vas a tener 4 minutos para leer el tema de la presentación y prepararla. Después vas a tener 2 minutos para grabar tu presentación.

En tu presentación, compara tu propia comunidad con una región del mundo hispanohablante que te sea familiar. Debes demostrar tu comprensión de aspectos culturales en el mundo hispanohablante y organizar tu presentación de una manera clara.

Ahora vas a empezar este ejercicio.a

Tema Curricular: La vida contemporánea

Tema de la presentación:

¿Cuál es la opinión de las personas de tu comunidad con respecto a la importancia de viajar y conocer otras ciudades, inclusive, si es posible, de estudiar en el extranjero? Compara tus observaciones acerca de las comunidades en las que has vivido con tus observaciones de una región del mundo hispanohablante que te sea familiar. En tu presentación, puedes referirte a lo que has estudiado, vivido, observado, etc.

Free Response Questions 2

TASK 1: E-Mail Reply

You will write a reply to an e-mail message. You have 15 minutes to read the message and write your reply.

The reply should include a greeting and a closing and should respond to all the questions and requests in the message. In your reply, you should also ask for more details about something mentioned in the message. Also, you should use a formal form of address.

A continuación se te pedirá que redactes la respuesta a un correo electrónico. Tendrás 15 minutos para realizarlo.

La respuesta deberá incluir un saludo inicial y una despedida. Además, deberá responder a todas las preguntas y peticiones del mensaje. En tu respuesta deberás pedir más información acerca de lo mencionado en el mensaje. La respuesta debe ser de manera formal.

Tema curricular: <u>Las familias y las comunidades</u>

Introducción:

A continuación se muestra el correo electrónico que te envía la directora de tu universidad notificándote que has sido elegido como Embajador de tu comunidad para el programa Internacional en Sudamérica. Recibirás una beca para residir en un país hispanohablante y representar tu cultura.

De: Marta Patricia González Quiroga
Para: Embajador Cultural del Programa Internacional en Sudamérica

A 7 de enero de 2016

Estimado Embajador Cultural:

Como Institución nos da gusto notificarte de que has sido elegido como Embajador Cultural del Programa Internacional que se llevará a cabo en Sudamérica en un país Hispanohablante.

Nos gustaría que respondieras a este mensaje, en no más de 7 días, haciéndonos saber si aceptas la invitación. Además, nos gustarías que explicaras; ¿De qué manera representarías a tu cultura en un país extranjero? Y ¿Qué es lo más simbólico de tu cultura que compartirías con habitantes hispanohablantes?

Agradecemos de antemano tu pronta respuesta y entusiasmo.

Quedo a tus órdenes,
Marta Patricia González Quiroga,
Directora del Departamento Estudiantil.

TASK 2: Presentational Writing: Persuasive Essay

You have 1 minute to read the directions for this task.

In this section of the exam you will write a persuasive essay to submit to a Spanish writing contest. The essay topic is based on three accompanying sources, which present different viewpoints on the topic and include both print and audio material. First, you will have 6 minutes to read the essay topic and the printed material. Afterward, you will hear the audio material twice: you should take notes while you listen. Then, you will have 40 minutes to prepare and write your essay.

In the persuasive essay, you should present the sources different viewpoints on the topic and also clearly indicate your own viewpoint and defend it thoroughly. Use information from all the sources to support your essay. As you refer to the sources, identify them appropriately. Also, organize your essay into clear paragraphs.

Tienes 1 minuto para leer las instrucciones de este ejercicio.

En esta sección del examen escribirás un ensayo persuasivo para un concurso de redacción en Español. El tema del ensayo se basa en las dos fuentes adjuntas. Tendrás 6 minutos para leer el tema del ensayo y los textos. Luego, tendrás 40 minutos para preparar y escribir tu ensayo.

En un ensayo persuasivo se debe presentar los diferentes puntos de vista de las fuentes sobre el tema, expresar tu propio punto de vista y apoyarlo. Usa información de todas las fuentes para apoyar tu punto de vista. Al referirte a las fuentes, identifícalas apropiadamente. Organiza también el ensayo en distintos párrafos bien desarrollados.

TIME – 55 MINUTES, APPROXIAMTELY

Tema curricular: <u>La vida contemporánea y las culturas</u>

Tienes 6 minutos para leer el ensayo; la fuente número 1 y la fuente número 2.

Tema del ensayo:

"El día Internacional de la mujer en América Latina"

FUENTE NÚMERO 1

Introducción

El siguiente es un fragmento obtenido del sitio www.unwomen.org sobre acciones llevadas a cabo como conmemoración del día Internacional de la Mujer.

A través de América Latina, se marcó el Día internacional de la Mujer con varios eventos organizados por ONU Mujeres.

En Brasil, para el Día Internacional de la Mujer, ONU Mujeres publicó un anuncio de servicio público, protagonizado por la Embajadora Nacional de ONU Mujeres, Camila Pitanga. El video se llama "Yo cambio mi regalo por la igualdad", en referencia a los regalos materiales que se dan por lo general a las mujeres en la celebración del Día Internacional de la Mujer. En el video, la Sra. Pitanga pidió respeto, la igualdad de derechos, la potenciación de la mujer, y la igualdad racial y de género. El video, que confluye con el logotipo de "Por un Planeta 50:50", ha sido vista por más de 40.000 personas en las páginas de redes sociales de ONU Mujeres Brasil y fue transmitido por la televisión.

En México, dentro del Programa CDMX Ciudad Segura y Amigable para las Mujeres y las Niñas, en el marco del Día Internacional de la Mujer, se dio el banderazo de salida de las 50 unidades del servicio preferencial para mujeres conocido como Atenea, por parte del alcalde de la Ciudad de México, Miguel Ángel Mancera, donde participó Ana Güezmes, Representante de ONU Mujeres en México.

En Colombia, en el acto de conmemoración del Día Internacional de la Mujer, "Por un Planeta 50-50: Mujeres Protagonistas de la Paz y el Desarrollo", las mujeres de nivel nacional y regional iniciaron un diálogo animado con los líderes en las áreas de participación política, empoderamiento económico, las mujeres el movimiento y la comunicación y los medios de comunicación, con el fin de discutir la forma de lograr un "Planeta 5050 en el año 2030".

En Paraguay, el Grupo Impulsor por la Paridad Democrática, junto con las y los senadores proponentes y el acompañamiento de algunas diputadas, presentaron el 8 de marzo, el Proyecto de Ley de Paridad democrática a la Cámara de Senadores. El Proyecto propone el acceso pleno de las mujeres a la vida política y pública, en un replanteo de la concepción del poder político, con participación paritaria —50 por ciento de mujeres y 50 por ciento de hombres— en la toma de decisiones, en todos los ámbitos de la vida pública y política, en igualdad de condiciones, sin discriminación de ningún tipo.

..

FUENTE NÚMERO 2

Introducción

La siguiente es una gráfica obtenida del sitio http://blogdelviejotopo.blogspot.com/2013/03/la-mujer-en-los-gobiernos-de-america.html en la que se muestra la participación de la mujer en gabinetes ministeriales en América Latina.

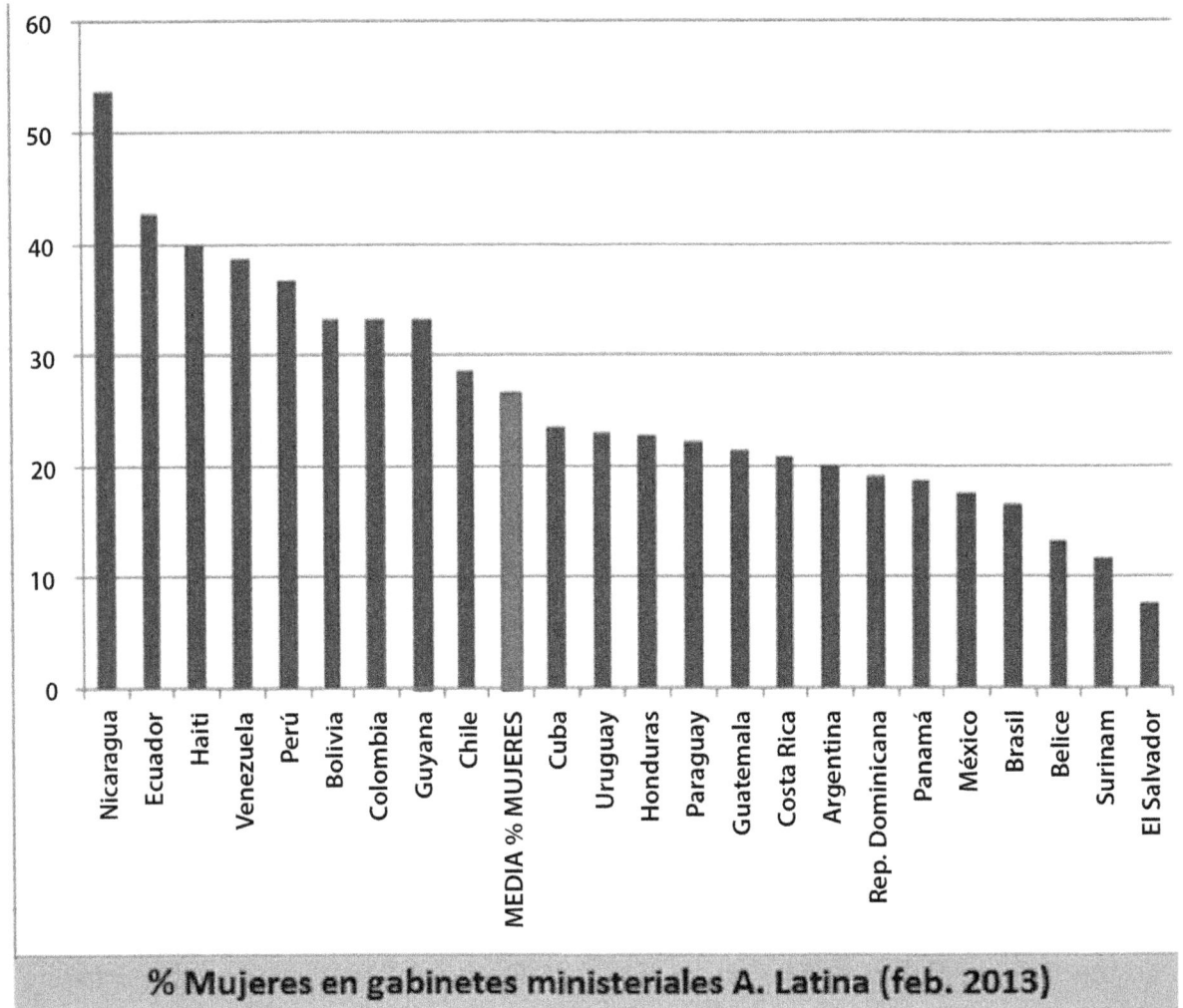

% Mujeres en gabinetes ministeriales A. Latina (feb. 2013)

Time – Approximately 18 minutes

This part requires spoken responses. Your cue to start or stop speaking will always be this tone.

You have 1 minute to read the directions for this part,

Your spoken responses will be recorded. Your score will be based on what you record. It is important that you speak loudly enough and clearly enough for the machine to record what you say. You will be asked to start, pause and stop your recorder at various points during the exam. Follow the directions and start, pause or stop the recorder only when you are told to do so. Remember that the tone is a cue only to start or stop speaking – not to start or stop the recorder.

You will now begin this task.

La siguiente parte requiere respuestas orales. La señal para empezar o dejar de hablar siempre será este tono.

Tienes 1 minuto para leer las instrucciones de esta parte.

Tus respuestas orales serán grabadas. Tu calificación se basará en lo que grabes. Es importante que hables lo suficientemente alto y claro para que se graben tus respuestas. Durante el examen, se te pedirá que pongas en marcha, hagas una pausa o pares la grabación. Sigue las instrucciones poniendo la grabadora en marcha, haciendo una pausa o parándola cuando se indique. Recuerda que el tono es una señal para empezar o dejar de hablar, no para poner la grabadora en marcha o pararla.

Ahora vas a comenzar esta parte.

TASK 3: Conversation

You have 1 minute to read the directions for this task.

You will participate in a conversation. First, you will have 1 minute to read a preview of the conversation, including an outline of each turn in the conversation. Afterward, the conversation will begin, following the outline. Each time it is your turn to speak, you will have 20 seconds to record your response.

You should participate in the conversation as fully and appropriately as possible.

Tienes 1 minuto para leer las instrucciones de este ejercicio.

Vas a participar en una conversación. Primero, vas a tener 1 minuto para leer la introducción y el esquema de la conversación. Después, comenzará la conversación, siguiendo el esquema. Cada vez que te corresponda participar en la conversación vas a tener 20 segundos para grabar tu respuesta.

Debes participar de la manera más completa y apropiada posible.

Ahora vas a empezar este ejercicio.

Tema Curricular: La vida contemporánea
Tienes 1 minuto para leer la introducción.

Introducción

Esta es una conversación con Ricardo, un compañero de la universidad quien está por realizar una investigación acerca del uso de la radio y el impacto sobre la vida contemporánea que tiene. Por lo que te pide tu opinión al respecto.

Ricardo	Te saluda y te explica acerca de la investigación.
Tú	Respondes al saludo y haces un comentario positivo acerca del proyecto.
Ricardo	Continúa con la conversación y te pide tu opinión al respecto.
Tú	Respondes dando tu opinión.
Ricardo	Te pide que expliques los beneficios.
Tú	Respondes enlistando los beneficios.
Ricardo	Te agradece y se despide
Tú	Respondes al saludo de despedida de manera cortés.

STOP

Do not go on until you are told to do so.
No continues haste que te lo indiquen.

TASK 4: Cultural Comparison

You have 1 minute to read the directions for this task.

You will make an oral presentation on a specific topic to your class. You will have 4 minutes to read the presentation topic and prepare your presentation. Then you will have 2 minutes to record your presentation.

In your presentation, compare your own community to an area of the Spanish-speaking world with which you are familiar. You should demonstrate your understanding of cultural features of the Spanish-speaking world. You should also organize your presentation clearly.

You will now begin your task..

Tienes 1 minuto para leer las instrucciones de este ejercicio.

Vas a dar una presentación oral a tu clase sobre un tema cultural. Vas a tener 4 minutos para leer el tema de la presentación y prepararla. Después vas a tener 2 minutos para grabar tu presentación.

En tu presentación, compara tu propia comunidad con una región del mundo hispanohablante que te sea familiar. Debes demostrar tu comprensión de aspectos culturales en el mundo hispanohablante y organizar tu presentación de una manera clara.

Ahora vas a empezar este ejercicio.

Tema Curricular: La vida contemporánea

Tema de la presentación:

¿Cuál es la opinión de las personas de tu comunidad con respecto a la importancia de viajar y conocer otras ciudades, inclusive, si es posible, de estudiar en el extranjero? Compara tus observaciones acerca de las comunidades en las que has vivido con tus observaciones de una región del mundo hispanohablante que te sea familiar. En tu presentación, puedes referirte a lo que has estudiado, vivido, observado, etc.

AP

The Advanced Placement® program is designed to offer students college credit while still in high school. The more than 30 AP courses culminate in an intensive final exam given every year in May.

Successful completion of a course and a passing score on the exam not only provides students with a deep sense of accomplishment, but also gives them a jumpstart on their college careers. AP credit is almost universally accepted by post-secondary schools, however each school has different guidelines as to what scores they will accept.

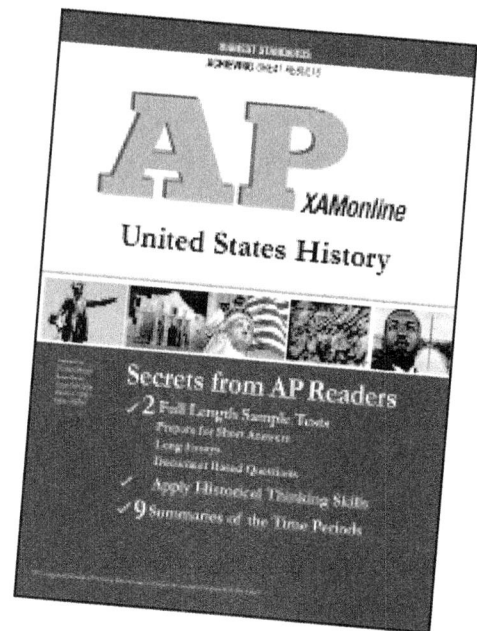

AP US History
ISBN 978-1-60787-552-9 $21.99

AP US Government and Politics
ISBN 978-1-60787-601-4 $21.99

AP Biology
ISBN 978-1-60787-553-6 $21.99

AP Calculus
ISBN 978-1-60787-555-0 $21.99

AP Chemistry
ISBN 978-1-60787-554-3 $21.99

AP Psychology
ISBN 978-1-60787-556-7 $21.99

AP English
ISBN 978-1-60787-557-4 $21.99

AP Spanish
ISBN 978-1-60787-558-1 $21.99

AP Macroeconomics/Microeconomics
ISBN 978-1-60787-585-7 $21.99

TO ORDER

XAMonline.com

or amazon or BARNES&NOBLE BOOKSELLERS

CPSIA information can be obtained
at www.ICGtesting.com
Printed in the USA
BVOW10s2333110817
491837BV00023B/347/P